生态文明教育课程建设探索系列

生态志愿者

初中适用

上海教育出版社
SHANGHAI EDUCATIONAL
PUBLISHING HOUSE

图书在版编目（CIP）数据

生态志愿者：初中适用 / 仇虹豪主编. — 上海：上海教育出版社，2023.5
（生态文明教育课程建设探索系列 / 段玉山主编）
ISBN 978-7-5720-2035-3

Ⅰ. ①生… Ⅱ. ①仇… Ⅲ. ①生态环境 – 环境教育 – 初中 – 教学参考资料 Ⅳ. ①G634.983

中国国家版本馆CIP数据核字(2023)第084466号

策划编辑 张志筠
责任编辑 李宜璇
封面设计 蒋 好

生态文明教育课程建设探索系列
生态志愿者（初中适用）
仇虹豪 主编

出版发行 上海教育出版社有限公司
官 网 www.seph.com.cn
地 址 上海市闵行区号景路159弄C座
邮 编 201101
印 刷 苏州工业园区美柯乐制版印务有限责任公司
开 本 787 × 1092 1/16 印张 8
字 数 160 千字
版 次 2023年5月第1版
印 次 2023年5月第1次印刷
书 号 ISBN 978-7-5720-2035-3/G.1827
定 价 58.00 元
审 图 号 沪S〔2023〕021号

如发现质量问题，读者可向本社调换 电话：021-64373213

“生态文明教育课程建设探索系列”编委会

《生态志愿者》编写组

编者的话

亲爱的同学：

欢迎你加入我们“生态志愿者”的队伍。

生态文明是人类文明发展的历史趋势，生态文明建设是关系中华民族永续发展的根本大计。党的二十大报告指出，“中国式现代化是人与自然和谐共生的现代化”，这明确了我国新时代生态文明建设的战略任务。我们每一个人都应该牢固树立社会主义生态文明观，积极学习并践行习近平主席“绿水青山就是金山银山”的发展理念，用实际行动为保护生态环境、实现我国政府在联合国大会上作出的碳达峰、碳中和承诺而共同努力。

生态文明课程的学习与其他学科有所不同，大部分学习主题都源自现实生活。我们将通过沉浸式学习的方式，在真实情境中，把跨学科知识与可持续发展联系在一起，与人类社会面临的生态环境问题联系在一起。我们将以志愿者的身份，投入这场蓝天、碧水、青山、绿野保卫战。这是无尚的荣耀，更是一份沉甸甸的义务和责任。

我们将在学习过程中，运用已有的或正在学习的学科知识，针对日常生活中发现的问题，动脑动手，寻求解决问题的方法，提升自己适应社会、服务社会的综合素养和能力。这是一个发现与探索、沟通与合作、付出与收获的过程，只要全身心地投入，我们就一定能真正享受到成长的快乐！

现代学习的本质是一种自我教育。近年来，学习理论、认知科学、脑科学和神经科学的进步，为我们了解真实的学习提供了重要的理论支撑。研究发现，情境是知识转化为素养的重要途径。当我们发现夏季的“暑热难当”只是气候变化的“冰山一角”，隐藏在冰面下的是全球气候变化所导致的一连串威胁人类生存与发展的问题时，一种油然而生的生态危机感和社会责任感就会迅速转化为激发我们去思考、去探究、去学习的巨大动力。

我们惊喜地发现，在习近平生态文明思想的指引下，全国生态环境正在发生历史性、转折性、全局性的变化，绿色已成为美丽中国更加坚实、厚重、亮丽的底色。我国是能耗强度降低最快的国家之一，是全球森林资源增长最多的国家，我国生物多样性保护目标执行情况优于全球平均水平……我国正在成为全球生态文明建设的重要参与者、贡献者和引领者。

生态环境没有替代品，用之不觉，失之难复。牢固树立社会主义生态文明观，增强保护生态环境的意识和能力，养成低碳生活的习惯，是我们学习的出发点，也是目的地。如果你在学习过程中，能够运用所学，举一反三，发现并设法解决身边正在发生的实际问题，无论大小都值得称赞。

让我们一起用行动谱写生态文明课程的续章，让这门课程在实践中得到创新性发展和充实。

你的朋友

2023年初夏

第 1 单元 留住“蓝天白云”

第 2 单元 保卫“母亲河”

目录

第 3 单元 爱护“生命共同体”

第 4 单元 减少“碳足迹”

生态文明是人类文明发展的历史趋势

第 1 单元

留住"蓝天白云"

湛蓝的天空中，朵朵白云如棉花糖般点缀其间，这种令人心旷神怡的天气现象被称为"水晶天"和"棉花糖"。

近年来，"水晶天"和"棉花糖"在全国各地上空频频露面，充分展现了我国在大气污染综合治理、改善大气生态环境方面取得的显著成效，满足了人们对清洁空气的需求和对美好生态环境的期盼。

为什么如今出现"水晶天"和"棉花糖"的日子越来越多了？它给我们的生活带来了哪些便利？

从“煤都黑”到“大同蓝”

位于山西省大同市的云冈石窟

位于我国山西省北部的大同市，是一座有着两千多年历史的古都，为我国首批公布的历史文化名城之一，也是我国的能源重化工基地。

20 世纪 80 年代，中国的大同与德国的鲁尔、苏联的顿巴斯并称为“世界三大煤都”。长期以来，“一煤独大”的产业结构曾经使大同连续三年进入全国环境污染最严重城市的行列。近年来，大同市持续加大生态环境保护力度，将产业生态化作为落实生态文明建设和打赢污染防治攻坚战的有效举措，成功抹去“煤都黑”，迎来了“大同蓝”。

想一想

1. 从“煤都黑”到“大同蓝”，这一变化给当地经济发展和居民生活带来了哪些影响？

2. 你还能举出其他城市类似的案例吗？

3. 这些年，我国为打赢蓝天保卫战采取了哪些措施？

一、持续改善空气质量

空气是生命赖以生存的重要条件。人类的呼吸离不开空气，生活中的燃烧现象需要空气，工业产品的制造也需要空气……

空气质量时刻影响着人类的活动与生存。但是，在社会经济快速发展的过程中，存在大量烟尘、二氧化硫、氮氧化物和其他有害气体未经妥善处理便被排向天空的现象，日积月累超过了空气的自净能力，造成大气污染。保卫蓝天是每个人义不容辞的责任。

到“森林氧吧”去度假

暑假期间，欢欢和父母一起去浙江省安吉县的一处“森林氧吧”度假。那里空气清新，对人体健康十分有益。

美了环境，兴了产业。类似的“森林氧吧”在我国还有很多，如重庆缙云山国家级自然保护区、湖南张家界国家森林公园、云南铜锣坝国家森林公园等。去“森林氧吧”呼吸新鲜空气，已经成为越来越多城市居民所喜爱的休闲度假方式。

想一想：为什么人们喜欢去拥有清新空气的“森林氧吧”度假？

超链接 空气质量

空气质量的好坏，一般用空气质量指数（AQI）来描述。该指数反映了特定地点空气中存在的污染物的浓度。空气质量评价主要参考的污染物为细颗粒物、可吸入颗粒物、二氧化硫、二氧化氮、臭氧、一氧化碳，共六项。

AQI 数值	0～50	51～100	101～150	151～200	201～300	>300
AQI 级别	一级	二级	三级	四级	五级	六级
AQI 类别	优	良	轻度污染	中度污染	重度污染	严重污染
AQI 表示颜色	绿色	黄色	橙色	红色	紫色	褐红色

志愿者在行动 透过数据看空气质量

1. 登录我国生态环境部网站，查找相关统计数据并填入下表。

2015—2022 年全国地级及以上城市空气质量状况统计表

年份	年均优良天数比例（%）	年均重度及严重污染天数比例（%）	年份	年均优良天数比例（%）	年均重度及严重污染天数比例（%）
2015 年			2019 年		
2016 年			2020 年		
2017 年			2021 年		
2018 年			2022 年		

2. 根据调查获得的数据，在下面的图框中绘制空气质量变化曲线图。

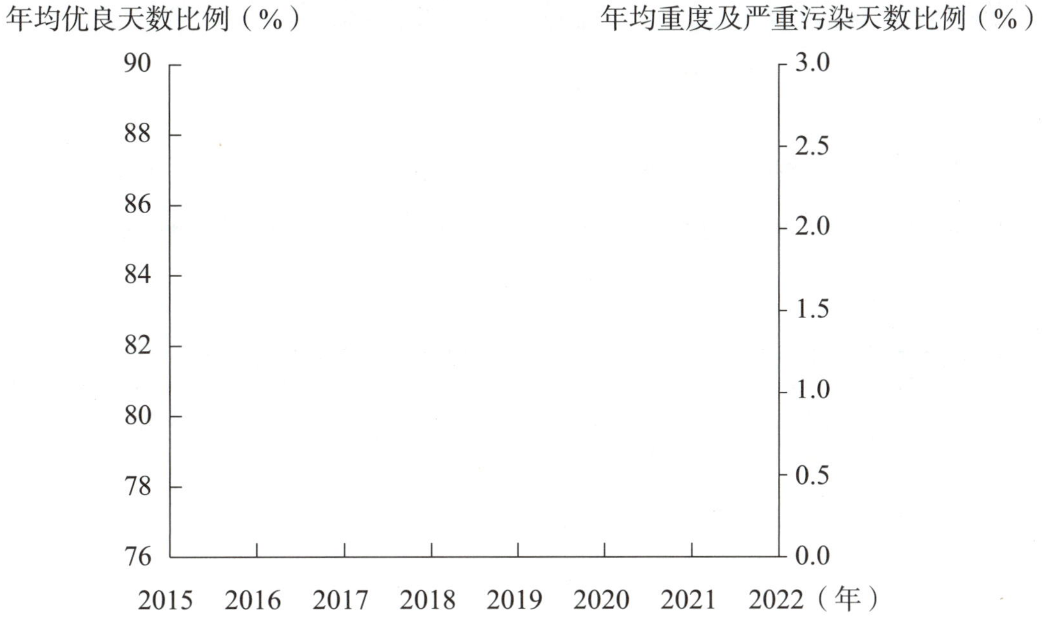

3. 对照绘制好的曲线图，分析 2015—2022 年全国地级及以上城市空气质量状况变化趋势，并思考产生这种变化的原因。

造成大气污染的原因，既有自然因素，如火山爆发、沙尘暴等；也有人为因素，如汽车尾气、工业废气的排放等。人为因素是造成大气污染的主要原因。我们每个人既是污染的“制造者”，同时又是“受害者”。在城市，每一辆汽车、每一处工地、每一袋垃圾，甚至每一台打印机都有可能是污染源。

志愿者在行动　追踪大气污染的来源

生活中，大气污染时有发生。请查阅书籍和相关资料，与小伙伴一起进行头脑风暴，尽可能多地梳理出主要大气污染物以及它们的来源，填写下表。

主要大气污染物以及来源

主要大气污染物	主要大气污染物的来源
可吸入颗粒物	建筑工地、道路扬尘、水泥制造业粉尘排放等

大气污染不仅危害人类的身体健康，还会降低能见度，遮挡阳光，导致雾霾、酸雨的产生，危害建筑物和动植物生长，等等。

植物叶片给出的信息

你见过布满斑点的叶子吗？科学家发现，植物叶片上出现斑点的一个重要原因是大气污染。

有兴趣的话，建议你仔细观察交通道路两边或化工厂周边的植物叶子，看看能否找到植物释放出的大气污染信息。请将自己的发现拍照或用画笔记录下来，再与老师和同学们一起分析讨论，看看植物受到了哪种污染物的影响。

雾霾和酸雨都会给人类生活造成不良的影响。

酸雨摧毁树木

雾霾降低能见度

想一想：雾霾和酸雨还会给人类生活造成哪些其他影响？

志愿者在行动　调查雾霾对居民生活的影响

雾霾，是雾和霾的组合词。我国不少地区将雾和霾一起作为灾害性天气进行预警预报，统称为“雾霾”。雾是由悬浮在近地面空气中的微小水滴或冰晶组成的，霾是由空气中的灰尘等颗粒物组成的，它们导致能见度下降，使大气变得浑浊。

雾

霾

建议你和小伙伴，通过上网查阅资料了解一下，你们居住的地区是否出现过严重的雾霾，造成了什么后果。也可以通过访谈，从家人或邻居处了解雾霾给人们生活带来了哪些不良的影响。

访谈记录表

访谈日期：

访谈对象：

居住区：

每天平均的户外活动时间：

1. 日常生活中，您了解本地空气质量状况的途径有哪些？

2. 您认为当前居住地的大气污染情况如何？

3. 雾霾是否对您的生活产生了影响？具体表现在哪些方面？

4. 您认为雾霾是怎样形成的？

5. 碰到雾霾，您通常采取什么防护措施？

记录者（签名）：

超链接 我国酸雨防治成效显著

20世纪90年代中期，长江以南的广大地区酸雨面积高达300多万平方千米，约占国土面积的30%，使我国成为继欧洲、北美之后的世界第三大酸雨区。为控制酸雨污染，国家出台了多项措施，如工业污染源二氧化硫达标排放、实行二氧化硫排放总量控制、征收二氧化硫排污费等。《2021年中国生态环境状况公报》显示，我国酸雨区面积已经减少到约36.9万平方千米，占国土面积的3.8%。

从“酸雨之都”到山清水秀

广西柳州是“老牌”工业重镇，曾因污染严重而被称为“酸雨之都”。“风吹一地灰，十雨九次酸”曾是柳州人噩梦般的记忆。

近年来，当地以壮士断腕的决心坚决向污染宣战，打好碧水保卫战。柳州大力调整工业布局，重化工企业退城进园，传统产业转型升级，许多原来污染环境的城中工厂变成了惠民亲民的公园、学校、住宅小区。柳州着力构建“管水、治水、护水”模式，城镇污水处理设施基本实现全覆盖，园林景观建设全面升级，沿岸环境与柳江碧水相得益彰。2020年和2021年，在全国地级及以上城市国家地表水考核断面水环境质量排名中，柳州市排名全国第一。

志愿者在行动

设计一张“改善空气质量”的创意海报

查找近年来世界气象日（3 月 23 日）和世界环境日（6 月 5 日）与防治大气污染相关的主题，设计一张创意海报吧！海报中可以包括但不限于以下内容：

1. 什么是大气污染，以及你了解到的影响空气质量的污染物排放信息；
2. 大气污染的主要来源和危害；
3. 在日常生活中，我们可以通过哪些行动来减少污染物的排放。

设计完成后，可以向家人或朋友展示，做一次简短的分享交流。当然，也可以将海报张贴到社区或学校的宣传栏中，注意一定要征得主办方同意噢！

二、共同关注全球变暖

气候是不断变化的。科学家认为，太阳辐射的变化、地球轨道的变化、火山活动、大气与海洋环流的变化等是造成全球气候变化的自然因素；而人类活动，特别是工业革命以来的人类活动是造成目前以全球变暖为主要特征的气候变化的主要原因。

想一想：为什么说全球变暖是威胁人类生存与发展的一场空前的环境危机？

化石燃料发电、供热、交通运输等人类活动正在增加大气中二氧化碳、甲烷等温室气体的含量。日渐增多的温室气体通过“温室效应”改变着地球的大气环境。如果温室气体排放量居高不下，全球的平均气温就会持续上升。

我国首个温室气体观测网基本建成

浙江临安国家大气本底站

我国是世界上较早开展温室气体本底观测的国家之一。本底大气，是指远离局地排放源、不受局地环境直接影响的、基本混合均匀的大气。1982年，国内第一个区域大气本底监测站在北京上甸子投入使用。

2021年，中国气象局发布了国内第一份国家温室气体观测网名录，该名录包含60个站点。这些站点覆盖了全国主要气候关键区，并且以高精度观测为主。温室气体观测网的建成将提升中国气候变化监测、评估能力，为碳监测、核查提供重要的技术支持。

志愿者在行动　体验“温室效应”

实验目的

了解温室玻璃大棚的作用，体验“温室效应”。

实验准备

2个透明的大口玻璃罩、4支温度计。

实验过程

1. 找一块白天能晒到太阳的草地，确定放置玻璃罩的区域。

2. 将 1 号玻璃罩倒扣在草地上，2 号玻璃罩倒扣在草地旁边的水泥地面上，然后在两个玻璃罩内以及玻璃罩外的草地和水泥地上分别放置 1 支温度计。

3. 分别在 8 点、14 点、20 点读取气温值，并记录在下表中，也可以记录更多时间段的观测值。

观察气温记录表

测量时间	1 号玻璃罩内的气温（℃）	2 号玻璃罩内的气温（℃）	草地上的气温（℃）	水泥地上的气温（℃）

4. 分析实验结果：两个玻璃罩内的气温有什么区别？两个玻璃罩内的气温与罩外气温相比是高还是低？这样的结果说明了什么？

让温室气体发挥正向作用

早在一百多年前，二氧化碳就曾被用作制冷剂，后来逐渐被人工合成制冷剂氟利昂取代。二十世纪七八十年代，科学家发现臭氧层破坏与氟利昂有关，二氧化碳作为制冷剂重新得到关注和利用。

2022 年北京冬奥会采用二氧化碳跨临界直冷制冰技术打造运动场馆，向全世界展示了低碳环保的先进技术。

2022 年夏季，滚滚热浪席卷了北半球多地。我国平均高温日数（16.4 天）为 1961 年以来历史最多；法国巴黎最高气温达 40.5℃；葡萄牙、西班牙部分地区气温一度达到 47℃。

随着气温升高，地球的“脾气”变得越来越坏。高温、干旱、酷寒等极端天气频繁出现，冰川正在以史无前例的速度消融，海平面也在不断上升。气候变化给全球生态环境和社会经济造成重大影响，威胁着人类的生存与发展。

想一想：极端高温会给人类的生产和生活造成哪些影响？

关注"发烧"的海洋

海洋可以通过吸收大气中的热量和二氧化碳，延缓气候变化。但有资料显示，在过去的几十年里，海洋热浪正在变得愈加频繁和强烈。从 1982 年到 2016 年，海洋热浪的天数增加了一倍。在全球变暖进一步加剧的大背景下，这一趋势可能还会加速。海洋"发烧"会带来一系列连锁反应，如海洋酸化、海冰消融、海平面上升等，甚至还会与陆上热浪"联手"，对人类健康、社会经济产生不利影响。

融化着的海冰

珊瑚白化现象

面临海平面上升风险的沿海低地

说一说：气候变化与海洋"发烧"有什么关系？我们该如何为海洋"退烧"？

超链接 极端天气频发敲响气候变化警钟

2021 年夏季，欧洲多地持续暴雨引发洪涝灾害。世界气象组织发布的题为《极端夏季：洪水、高温和火灾》的报告指出，西欧部分地区在 7 月 14 日至 15 日两天内遭遇了平时两个月的降雨量。专家认为：气候变化是 2021 年夏季席卷西欧地区的暴雨和洪水的根本原因。

2022 年，美国加利福尼亚州由于持续干旱，湖水水位低，周围土地干裂；我国南方地区、长江中下游及川渝等地均遭遇夏秋连旱，华东、华中等地也出现阶段性春夏连旱。

2022 年，北美多地爆发野火事件。据媒体报道，2022 年 4 月，美国西南部山区和大平原有多处大规模野火燃烧，其中以新墨西哥州野火灾情最为严重。部分地区的野火逼近村庄和牧场，大量民众被疏散。

严寒天气的出现与全球变暖有关吗

全球气候持续变暖，但为什么极端寒冷事件也时有发生并且强度较大呢？这是因为全球变暖加剧了气候系统的不稳定性，影响了局地气候。此外，北极增温也是极寒天气发生的重要原因。北极地区增温速度是全球的 2～3 倍，在增温的趋势下，北极涡旋减弱，冷空气南下会使相关地区气温明显降低。

想一想：严寒天气与全球变暖看似对立，其实并不矛盾，你同意这一说法吗？

超链接　动物在悄悄地“自适应”

有研究发现，随着全球变暖，一些动物正在悄悄地进行“自适应”，它们的喙、腿和耳朵变得越来越大，得以更好地调节体温。科学家们观察了 30 多种动物，发现澳大利亚鹦鹉物种的喙自 1871 年以来平均增大了 4%～10%。虽然目前很难将气候变化确定为动物“变形”的唯一原因，但气候变化是这些不同地理区域和不同物种的动物之间的共同点。随着全球持续变暖，这种“变形”很可能会继续下去。

随着全球变暖，红冠凤头鹦鹉的喙越来越大。

学会科学认识气候变化

研究发现，气候变化带来的影响也非完全负面，如常年冰封的北冰洋有望开辟一条“黄金水道”，高纬度地区农业生产率呈上升趋势……但毫无疑问，气候变化正在改变地球的生态环境，给人类出了一张“黄牌”。

1. 以小组为单位，收集更多关于气候变化的资料，学会辩证地看问题：

全球气候变化的表现	正面影响	负面影响
全球气温持续升高		

2. 根据收集到的资料，组织一次班级交流分享活动，看看哪个小组找到的资料丰富，交流过程中的辨析更有说服力。

三、我们都是“蓝天卫士”

我国是世界上空气质量改善最快的国家，首都北京在大气污染治理方面是我国蓝天保卫战的领头羊。前些年，北京曾深受雾霾天气的困扰。为此，北京市连续实施了 16 个阶段的大气污染控制措施，发布了《北京市 2013—2017 年清洁空气行动计划》《北京市打赢蓝天保卫战三年行动计划》等，加强与周边地区的协同共治、联防联控，连续打出“治污组合拳”。2013—2021 年，北京市 $PM_{2.5}$ 年均浓度下降了 63.1%，被联合国环境规划署誉为“北京奇迹”。

超链接 “奇迹”背后的大规模治理

我国是世界上第一个大规模开展 $PM_{2.5}$ 治理的发展中国家。

什么是 $PM_{2.5}$？这是指空气中直径小于等于 2.5 微米的细颗粒物，也称为可入肺颗粒物。由于它粒径小，比表面积大，容易吸附和携带有毒、有害物质且在大气中的停留时间长、输送距离远，因而对人体健康和大气环境质量的影响更大。我国从 2012 年起，在《环境空气质量标准》中增加了 $PM_{2.5}$ 监测指标。

《2021 年中国生态环境状况公报》显示，当年我国 339 个地级及以上城市中，空气质量平均优良天数达到 87.5%，中国的天空一天更比一天蓝。

说一说：中国成功治理大气污染的案例，对全球发展中国家大气污染防治有什么借鉴意义？

志愿者在行动　定制“天空日记”

有一位摄影爱好者喜欢给天空拍照片，每天都在固定的时间、地点用相机拍摄同一片天空，几年下来积攒了几千张照片。这些照片真实地记录了我国蓝天数量的增加，见证了我国大气环境的改变。我们每个人都是“蓝天保卫战”的见证者和参与者。

有兴趣的话，建议你在小区或学校附近也选择一个固定地点，每天拍摄并记录天空状况，坚持一段时间，制作一本见证大气环境变化的“天空日记”。

保卫蓝天的国家行动

为保护和改善环境，防治大气污染，我国制定了一系列保障措施，如《大气污染防治行动计划》（简称“大气十条”）等。

上网查一查：“大气十条”具体指的是哪十条措施？这些年我国政府为“保卫蓝天”做了哪些实事？

我国是全球气候变化的敏感区和影响显著区，提升监测能力可为应对气候变化、有效利用气候资源、生态文明建设和经济社会发展提供基础数据和科学支撑，从而提高气象上防灾减灾的能力和科学应对气候变化的能力。

建立“天地空”一体化监测体系

为了提高大气环境监测监控能力，我国正在建立完善的“天地空”一体化监测体系。2021 年 6 月 3 日，我国成功发射风云四号 02 星。这是我国新一代地球静止轨道气象卫星首颗业务星，主要应用于天气分析和预报、环境和灾害监测等领域。

风云四号 02 星

2022 年 12 月 9 日，我国在太原卫星发射中心成功将高分五号 01A 卫星发射升空。高分五号 01A 卫星主要面向污染减排、环境质量监管、气候变化研究等重大需求，开展高光谱遥感监测应用，为国家环保、国土、气象、农业、减灾等部门（领域）提供数据服务和支撑。

高分五号 01A 卫星

想一想：我国为什么要建立“天地空”一体化监测体系？

建立国家气候观象台

国家气候观象台是对气候系统多圈层及其相互作用进行观测的国家级地面综合气象观测站。全面获取气候系统各组成部分及其相互作用和反馈过程的综合信息，是理解和认识气候系统及其变化的基础。

2019 年 2 月，中国气象局公布首批 24 个国家气候观象台名单；2021—2023 年，又在湖北宜昌、陕西商洛、河北雄安新区分别设立了国家气候观象台。

查一查：目前我国已设立的国家气候观象台有哪些？一共有几个？

志愿者在行动　探究环境监测的奥秘

你知道在我们身边其实“隐藏”着许多环境监测点吗？建议你和小伙伴利用寒暑假组队前往附近的环境监测站考察探究，了解基本的环境监测方法、不同仪器设备的监测过程和数据信息处理过程，并完成以“环境监测的奥秘”为主题的考察报告。

温馨提示：环境监测站需要提前联系预约噢！

______________________考察报告

环境监测站名称：

（照片粘贴处）

考察时间：

环境监测对象：

考察过程：

我们的收获：

考察组成员签名：____________

保护大气环境是每个公民的责任与义务。想一想，日常生活中我们可以为保护大气环境做些什么呢？

综合活动：模拟联合国气候峰会

1992 年 5 月，《联合国气候变化框架公约》在纽约联合国总部通过。该公约的终极目标是：将大气温室气体的浓度稳定在防止气候系统受到危险的人为干扰的水平上。1995 年起，联合国气候变化大会每年在世界不同地区轮换举行，讨论如何构建公平合理、合作共赢的全球气候治理体系，寻找控制温室气体排放、解决气候变化问题的途径和方法。

共同但有区别的责任

2015 年 12 月，有近 200 个缔约方参加的巴黎气候变化大会通过了新一轮决议——《巴黎协定》。该协定对 2020 年以后的全球气候变化应对行动给出了更为明确的规定。

根据协定，缔约方的共同目标为：把全球平均气温升幅控制在工业化前水平以上 2℃之内，并努力将气温升幅限制在工业化前水平以上 1.5℃之内。同时，各国应该根据不同的国情，逐步增加自主贡献力度，同时负有共同但有区别的责任。发达国家将继续带头减排，并加强对发展中国家的资金、技术和能力建设支持，帮助后者减缓和适应气候变化。

PARIS2015
UN CLIMATE CHANGE CONFERENCE
COP21·CMP11

想一想：为什么不同国家在应对气候变化中负有共同但有区别的责任？

“3060”双碳目标的提出

2020 年 9 月，习近平主席在第七十五届联合国大会上向国际社会作出碳达峰、碳中和的郑重承诺，中国二氧化碳排放力争于 2030 年前达到峰值，努力争取 2060 年前实现碳中和。

简单地说，二氧化碳排放达到峰值（简称“碳达峰”），是指一个地区经济社会活动所排放的二氧化碳（以年为单位）达到历史最高值，然后实现由增转降的历史拐点；碳中和，是指一个地区在一定时间内经济社会活动所排放的二氧化碳，通过植树造林、节能减排等形式，实现正负抵消，达到相对“零排放”。碳达峰、碳中和，简称“双碳”。“3060”双碳目标的制定，体现了一个负责任的大国的决心和担当，中国人民将以实际行动努力呵护好人类共同的地球家园。

志愿者在行动 气候峰会上的演讲者

让我们组织一次联合国气候峰会的模拟活动吧，亲身感受一下不同国家和地区在应对全球气候变化方面的态度和诉求，更深刻地理解中国向国际社会作出“3060”双碳目标承诺的勇气和担当。

角色准备

以班级为单位，先选出峰会主席团成员 3~5 名，其余同学分成若干个小组，分别代表不同的国家和地区，也可以邀请教师或家长担任主席团成员。

会前准备

1. 共同商定模拟峰会的时间和地点：可以“穿越”至过去或将来，可以“瞬移”到地球甚至宇宙中的任何一个地点。

2. 共同商定模拟峰会的主题，但一定要与解决气候变化问题的途径和方法有关，如“青少年如何为减排作贡献”等。

3. 根据角色分工，做好“开会前”的材料准备，充分了解自己所代表的国家或地区的立场和诉求。

活动议程

1. 主席团代表公布本次峰会主题和议程，介绍出席者和演讲评分标准。

2. 各小组派代表上台抽签，确定演讲顺序。

3. 各代表依次上台演讲。

4. 磋商与审议。在主席团的调解下，就未达成一致的问题进行磋商以求共识，并最终形成峰会协定草案。

5. 主席团根据演讲评分标准打分，宣布“优秀演讲者”和“优秀团体奖”名单，致以颁奖词。

演讲评分标准

1. 能站在所代表的国家或地区立场上发言。

2. 观点清晰，语言凝练。

3. 能够适当运用案例和图表辅助说明。

4. 仪态端庄，声音洪亮。

本次气候峰会协定草案

时间：

地点：

与会代表达成共识：

代表签字：

参加本次活动后，你有哪些思考和感悟？请记录在下面的方框中。你在活动中的表现和体会将作为本单元学习评价的重要依据噢！

我的收获：

自我评价	同伴评价	教师评价
☆☆☆☆☆	☆☆☆☆☆	☆☆☆☆☆

第2单元

保卫“母亲河”

我们的生活离不开水。提到“污水”，你会想到什么？

上海市嘉定区有一座开放式的生态绿地公园，蓝天碧湖，景色宜人。具有中国传统建筑风格的亭台楼阁与蜿蜒曲折的水道造景互相辉映，儿童乐园和足球场等掩映在葱茏绿植中。除此以外，公园里最引人注目的是一座水环境科普馆，馆里展示着世界先进的污水处理技术，以及城市水资源规划建设和未来发展的宏伟蓝图。

南翔下沉式再生水厂

如果告诉你，这是一座污水处理厂，你相信吗？我们一起去看看吧。

中国最美水厂——南翔下沉式再生水厂

这是一座把污水处理设备巧妙地“藏”在地下的再生水厂，“上园下厂”的设计满足了周边居民“不要把污水处理厂建在我家后院”的邻避心理。地面上鸟语花香的活水公园不仅扭转了人们对传统污水处理厂“脏、污、臭”的印象，还有效节约了土地。

该项目服务区域人口约39.7万，服务面积为36.1平方千米。污水处理厂的建设不但解决了嘉定南部地区及部分新城区域的排水需求，并且出水水质始终领先全市，为在人口密集的城区规划污水处理厂提供了创新范例。

想一想

1. 我们的城市缺水吗？为什么？

2. 城市每天的饮用水从哪里来？排出的污水去了哪里？

3. 南翔下沉式再生水厂的社会效益、经济效益和环境效益具体表现在哪些方面？它为什么备受重视？

一、珍惜“优质原水”

水是生命之源。成年人每天的生理需水量约2.5升，体内含水量约占其自身体重的65%，而孕育在母体内的婴儿，体内水的重量约占其体重的90%。但是，人们在生活和生产活动中产生的大量污染物，没有经过妥善处理就直接排放至各种水体中，日积月累超过了水体的自净能力，造成了水体污染。因此，保护水资源是人类生态文明建设中的一个重要课题。

瓶装水里有秘密

放学路上，小明有点口渴。他走进超市想买瓶水喝，但是琳琅满目的各种瓶装水让他陷入困惑。售货员把一瓶经常在电视广告上“亮相”的瓶装水放到他面前，说：“小朋友，买这瓶吧？虽然贵点，但它是用雪山下的清泉制作的，安全！”售货员的话突然唤起了小明的好奇心。他走到货架上一瓶一瓶看起来，发现很多瓶装水的包装上都注明了产地，拥有不一样的水源。那么，你是否也想知道，我们到底喝什么水更安全呢？

志愿者在行动　关于瓶装水的小调查

1. 选择市面上常见的瓶装水，根据你的观察和包装上的说明填写下表。

2. 根据获得的水源地信息，利用网络归纳出不同瓶装水的特点，填入下表。

名称	水源地	成分	外观	特点
天然矿泉水				
天然泉水				
饮用天然水				
饮用纯净水				
……				

3. 经过调查，我们发现大部分瓶装水的水源主要来自＿＿＿＿＿＿，较好的水源是＿＿＿＿＿＿。它们的共同特点是＿＿＿＿＿＿。我们认为，目前条件下选择瓶装水最好看一看＿＿＿＿＿＿，原因是＿＿＿＿＿＿＿＿＿＿＿＿＿＿＿＿＿＿＿＿。

4. 为了进一步验证我们的猜测，我们可以继续探究的课题有＿＿＿＿＿＿＿＿＿＿＿＿＿。

超链接　我国五类地表水的水质标准

Ⅰ类　主要适用于源头水、国家自然保护区。

Ⅱ类　主要适用于集中式生活饮用水地表水源地一级保护区、珍稀水生生物栖息地、鱼虾类产卵场、仔稚幼鱼的索饵场等。

Ⅲ类　主要适用于集中式生活饮用水地表水源地二级保护区、鱼虾类越冬场、洄游通道、水产养殖区等渔业水域及游泳区。

Ⅳ类　主要适用于一般工业用水区及人体非直接接触的娱乐用水区。

Ⅴ类　主要适用于农业用水区及一般景观要求水域。

想一想：我们的饮用水水源应该达到几类标准？达不到饮用水标准的水有什么用途？

志愿者在行动　关注“半瓶水”浪费现象

日常生活中，瓶装水浪费现象随处可见。有专家以10%的浪费率保守估计，我国每年在会议场所浪费的瓶装水有上千万瓶。以包括循环利用的全流程计算，每1吨瓶装水一般需耗费1.3吨原水。千万瓶瓶装水浪费的背后，是更加惊人的水资源浪费。没喝完的半瓶水，你通常会怎么处理呢？一起来进行“半瓶水”去向大追踪吧！

1. 在学校或居所附近的公园、商场等公共活动场所，观察是否存在“半瓶水”浪费现象，并做好记录。

2. 有的人对“半瓶水”浪费现象不以为意，认为瓶装水价格便宜、购买方便，再买一瓶可省去携带不便等诸多麻烦。你同意这种看法吗？说说理由。

3. 为避免“半瓶水”浪费现象，提高人们的节水意识，我国多地发起了“清瓶行动”活动。请你制作一个宣传小视频，为“清瓶行动”助力。

想一想：半瓶水可以用来做什么？

上海沿江景观

上海地处长江入海口，是一座依水而建、凭水而兴的城市。苏州河、黄浦江开启了上海的繁华，是上海的母亲河。东濒东海，南临杭州湾，浩瀚的大海铸就了上海海纳百川的精神。上海的发展需要优质淡水，100多年来，上海的寻水之路从未停止。

上海沿海景观

上海最早的自来水厂

19世纪80年代之前，上海居民饮用水一般由挑水夫从黄浦江、苏州河及其支流河道取水，也有部分人饮用井水。1883年8月1日，杨树浦水厂正式对外供水，标志着中国第一座现代化水厂正式建成。当时，上海自来水主要取自黄浦江下游，水厂采用就近取水的方式。

2018年1月27日，杨树浦水厂入选中国工业遗产保护名录（第一批）。

志愿者在行动　参观自来水科技馆

3 月 22 日是“世界水日”，3 月 22 日至 28 日是“中国水周”。你参加过相关的节水、护水活动吗？每年的“世界水日”和“中国水周”都有活动主题，如 2022 年“世界水日”的主题是“珍惜地下水，珍视隐藏的资源”，“中国水周”的主题是“推进地下水超采综合治理，复苏河湖生态环境”。

建议你和小伙伴在具有特别意义的“中国水周”去杨树浦水厂参观上海自来水科技馆，在那里，你一定会更真切地感受到我们日常生活用水的来之不易。

20 世纪 80 年代起，由于黄浦江下游污染，上海开始实施黄浦江上游引水工程，由分散取水逐渐改为集中取水，并着手开发第二水源——长江。为解决长江口咸潮入侵时居民不得不喝咸水的问题，20 世纪 90 年代，上海建成陈行水库，至此形成两江取水的新格局。

陈行水库

“两江并举、多源互补”水源地的建立

上海居民用水需求不断增加，对水质的要求也越来越高。专家发现，位于长江入海口长兴岛西北侧的青草沙适宜建设水库，将优质长江水引入上海。经过十五年的科研攻关和反复论证，2007 年青草沙水库正式开工。此后，为了解决崇明岛居民和西南五区居民的优质供水问题，上海又相继在崇明岛和黄浦江上游建设了东风西沙水库和金泽水库，初步形成“两江并举、多源互补”的水库型水源地格局，四大水源地的优质原水通过泵站向水厂输送，经水厂处理后最终流入千家万户。

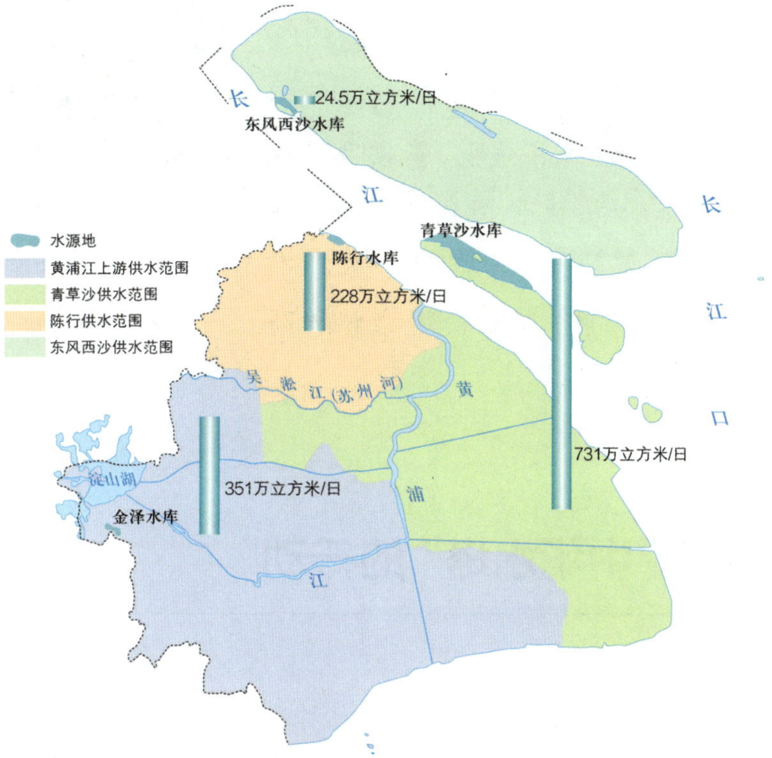

上海四大水源地供水范围示意图（2022 年）

想一想

1. 100 多年来，为什么上海的寻水之路从未停止？

2. 上海的饮用水资源够用吗？如何更好地利用城市的水资源？

超链接 建设水源地保护区

我国在保护水源地方面制定了一系列法律法规，要求各地政府依法建立水源地保护区。在各级各类保护区内，禁止一切破坏水环境的活动以及破坏水源林、护岸林的活动；禁止向水域倾倒工业废渣、城市垃圾、粪便及其他废弃物；运输有毒有害物质、油类、粪便的船舶和车辆一般不准进入保护区；禁止使用剧毒和高残留农药等。

查一查：上海四大水源地属于几级保护区？参观水源地有哪些注意事项？

保护“中华水塔”的行动

素有“黄河源头第一县”之称的青海省玉树藏族自治州曲麻莱县地处三江源腹地。三江源，指黄河、长江、澜沧江的源头所在区域，海拔大都在4500米以上，生态环境脆弱，但维系着中国乃至亚洲的水生态安全命脉。有资料统计，青海每年向下游输送逾600亿立方米水量，其中三江之水覆盖了我国60%以上的地区，养育了6亿多人口。

当地多年来实施生态移民、牧民定居等政策，建立了最严格的生态环境保护制度，在全国率先实施国家公园体制试点，以确保“中华水塔”地区生态环境免遭破坏和污染。

志愿者在行动　猜猜我们在做啥

秋高气爽的一天，几位生态志愿者来到江边的一座公园，说一说他们在做什么。

(　　)

(　　)

(　　)

(　　)

水资源短缺大致有两种类型：一种是资源性缺水，这些地区降水量较少，河流径流量也少；另一种是水质性缺水，这是沿海经济发达地区共同面临的难题。这些地区虽然位于水乡，水量丰富，但因为用水量不断增加和河道水体受污染等原因，清洁水源明显不足。

处理过的“再生水”有什么用

所谓“再生水”，也称“中水”，指废水或雨水经适当处理后，达到一定的水质指标，可以满足某种使用要求进行再利用的水。例如，上海嘉定南翔下沉式再生水厂处理过的再生水主要出水指标都达到了 IV 类水质标准，非常适合用于浇灌地面公园里的绿植。

有资料统计，目前城市供水的 80% 最终会进入污水管道，经收集处理后，其中 70% 的再生水可以再次循环使用。可见，再生水对于缓解水资源供需矛盾、提高区域水资源配置效率和利用效益等方面具有重要作用。

志愿者在行动 雨水水质测试小实验

实验目的

体验水质测试过程。

实验准备

实验样本和简单的水质测试试管、试剂等。

实验过程

1. 观察样本的颜色，可以将样本与纯净水或自来水做对比。

2. 感受样本的气味。将盛放水样的试管放在鼻孔下方 20 厘米处，用手在试管口轻轻扇动，使少量气体飘进鼻孔，感受有无刺鼻气味。

3. 测试样本的浊度。在试管背后放置一张写有“浊”字的白纸，透过试管观察“浊”字。若能清楚看到，用“+”表示；文字模糊，用“++”表示；看不清文字，则用“+++”表示。

4. 如果想进一步测定样本的化学与物理指标，则需要使用专业试剂和仪器。

二、保护“大地的动脉”

黄浦江

苏州河

每年9月，上海都会举办盛大的旅游节。精彩纷呈的旅游活动向全世界展现了上海都市风光、都市文化和都市人文的无穷魅力。毫无疑问，黄浦江、苏州河的游览更是个中翘楚。苏州河和黄浦江共同哺育了上海人民，见证了上海城市的崛起、发展和繁荣。它们是上海特有的城市符号，更是未来提升城市能级和核心竞争力的重要承载区。

想一想

1. 你了解苏州河和黄浦江的“前世今生”吗？

2. 为什么说苏州河和黄浦江是上海的母亲河？

3. 为什么世界上大多数城市的发展都与大江大河紧密地联系在一起？

水润民心，泽被万物。黄浦江上游发源于浙江省安吉县龙王山，在上海境内全长 114 千米，把上海城区分为浦东和浦西。

黄浦江具有航运、供水、排灌、游览等综合功能，为上海的繁荣发展作出了巨大贡献。近年来，上海着力推进“一江一河”滨水岸线的改造与提升，将黄浦江两岸打造成具有国际影响力的世界级城市会客厅。

志愿者在行动　留下亲水的美好瞬间

黄浦江滨水生态走廊

烟囱、塔吊和货轮等曾经是黄浦江畔出镜率很高的“常客”，它们见证了上海工商业和航运业的发展历程。

随着城市空间的转型，上海制定了“一江一河”沿江滨水区域的战略发展规划，将黄浦江两岸地区建设成文化内涵丰富的城市公共客厅和滨水生态走廊。闲暇时，你不妨抽空去黄浦江滨水区走一走，把令自己心动的美景拍摄下来。这不仅能留下美好的瞬间，而且能留下上海城市发展的历史见证。

想一想：为什么要建设黄浦江两岸滨水生态走廊？它体现了怎样的人水关系？

20 世纪 90 年代，苏州河与黄浦江“泾渭分明”

吴淞江是黄浦江最大的支流，在上海市境内习称“苏州河”，源出太湖瓜泾口，于外白渡桥东侧汇入黄浦江。它曾为上海工业的发展付出了沉痛的代价。“50 年代淘米洗菜，60 年代洗衣灌溉，70 年代全线黑臭，80 年代鱼虾绝代”，就是苏州河曾经的真实写照。

苏州河环境整治工程

自 1996 年起，上海全面启动苏州河环境综合整治工程，二十多年来，取得了举世瞩目的成就。

苏州河环境综合整治工程

一期工程（消除黑臭）
- 六条支流截污
- 建设石洞口污水处理厂
- 环卫码头搬迁等

二期工程（稳定水质）
- 建设苏州河河口水闸
- 建设活水公园“梦清园”
- 改善两岸及周边环境

三期工程（干支流同步改善）
- 市区段底泥疏浚和防汛墙改建
- 建设苏州河水系截污治污工程
- 建设青浦地区污水处理厂配套管网等

四期工程（提升全流域水质）
- 污染治理
- 提升防汛能力
- 两岸整治和景观提升

根据上海“一江一河”沿江滨水区域的战略发展规划，苏州河沿岸将被打造成为宜居、宜业、宜游、宜乐的现代生活示范水岸，实现“工业锈带”向“生活秀带”的转变。随着苏州河步道贯通开放，两岸沿河景观品质明显改善，逐渐成为市民休闲好去处。

苏州河沿岸景观

想一想：苏州河从发黑发臭到现在的水清岸绿，从“工业锈带”到“生活秀带”，上海人民在改造“一江一河”滨水区域过程中取得了哪些成果？这对上海城市的发展具有什么重要意义？

志愿者在行动　考察苏州河梦清园

在苏州河南岸、宜昌路以西、江宁路桥东侧，有一座苏州河梦清园环保主题公园。该公园三面环水，占地面积 8.6 万平方米，绿化率达 84%，彰显了“绿”色内涵，目前已被列为国家水情教育基地。

园内有一座梦清馆，参观者可于馆内深刻感受水环境“一遭污染，漫漫治理”的痛，领悟保护生态环境的重要意义。

请以小组为单位，利用节假日参观苏州河梦清园环保主题公园，完成以“苏州河变迁后带来的________效益”为主题的考察报告。

“苏州河变迁后带来的________效益”考察报告

考察时间：

考察过程：

考察体会：

考察者（签名）：

水是文明之源，河流与人类文明的发展息息相关。尼罗河、幼发拉底河、底格里斯河、恒河、黄河和长江等，都孕育了伟大的文明，都是今天世界文明的重要源头。习近平主席指出：“在我们五千多年中华文明史中，一些地方几度繁华、几度衰落。历史上很多兴和衰都是连着发生的。要想国泰民安、岁稔年丰，必须善于治水。”

最美的微笑回来了

长江和黄河是中华民族的母亲河，共同孕育了中华文明。但是，由于沿江各地过度开发利用，原本生活在长江内的江豚逐渐失去了踪迹。习近平主席高度关注长江生态环境问题，曾深刻指出“长江病了，而且病得还不轻”。他先后多次赴长江沿线考察，要求沿江省市“共抓大保护、不搞大开发”。

为了打好长江保护修复攻坚战，长江沿岸省市整治排污口，控制污染排放，加强工业污染管理，改善农村居住环境，整治航运污染。在国家和沿岸人民的共同努力下，长江水质得到明显改善。近些年，消失的江豚又三五成群地在长江“露脸”。得知这一喜讯的人们高兴地说：“最美的微笑回来了！”

江豚为什么被称为“微笑天使”？上海市水生态环境保护吉祥物“碧水宝宝”的原型就是长江江豚。它还有个小名，你能猜到吗？

为美丽洱海筑起生态屏障

云南大理的苍山洱海是全国著名风景游览区，洱海是大理人的“母亲湖”，也曾因长期污染导致湖水富营养化。2018年底，大理市全面打响保护洱海的八大攻坚战，全力推进环湖截污、生态搬迁、矿山整治、河道治理、环湖生态修复等，并把环湖生态廊道建设作为其中一项重大工程。当地居民发出由衷感叹：“当洱海在眼前一天天变得清澈起来，我才真正理解保护水生态环境的重要性。”

志愿者在行动

保护水生态环境是每个人的责任与义务。日常生活中，我们可以从身边的小事做起。请你想一想，我们还可以为保护水生态环境做些什么？

（　　　　）　　　　（　　　　）　　　　（　　　　）

三、关爱“蓝色国土”

海洋是大多数河流的最终归属。上海位于长江三角洲东缘，北依长江口，南临杭州湾，是典型的沿海城市。由于气候变化和各种污染，海洋比以往任何时候都更加脆弱。保护生态环境安全，就需要给予海洋更多的关爱。

想一想

1. 你去看过海吗？

2. 海洋为人类的生存与发展作出了什么贡献？

3. 我们应该如何关爱海岸生态，守护“蓝色国土”？

上海崇明东滩鸟类国家级自然保护区

志愿者在行动　让我们一起观鸟去

活动背景

上海崇明东滩鸟类国家级自然保护区位于长江入海口，崇明岛的最东端。它是长江口规模最大、发育最完善的河口型潮汐滩涂湿地，同时也处于全球鸟类八大迁徙路线之一的“东亚—澳大利西亚”路线中段，是候鸟迁徙路线上的重要驿站。每年有近100万只次迁徙水鸟在保护区栖息或过境。经历年调查，保护区记录的鸟类已超过300种，其中列入国家一级保护动物的鸟类17种，如白头鹤、东方白鹳等。

观察准备

照相机或手机、一本适合自己的观鸟书（建议选择体积小的便携口袋书或者数字化工具）、素色服饰（建议长袖长裤、遮阳帽）和舒适轻便的运动鞋。

观察任务

1. 请把观察到的鸟类名称和数量等记录下来。

2. 通过对近海不同区域水鸟的观察和分析，我们可以了解沿岸的水生态环境。请通过研讨会或展示活动的形式与同学们分享你的收获与体会。

观鸟随笔录（供参考）

时间：________	（照片或手绘图粘贴处）
地点：________	
天气：________	
观察过程实录： （观察到几只鸟？有什么发现？）	
收获与体会： 观察者（签名）：________	

2008年第六十三届联合国大会通过决议，将每年的6月8日定为“世界海洋日”，旨在赞颂全世界共同拥有的海洋，强调海洋与个人之间的联系，提高人们对海洋在日常生活中的重要性的认识，并了解保护海洋的各种方式。

海洋空间、国际航运、海上安全、海洋科学和技术、海洋生物多样性、海洋环境与可持续发展、气候变化以及区域和国际合作等都是世界海洋日的重要议题。

“蓝碳”的奥秘

绿色植物因通过光合作用固定二氧化碳而被称为“绿碳”。那你知道“蓝碳”是什么吗？地球表面大部分地区被蓝色海洋覆盖，因此被称为“蓝色星球”。“蓝碳”就是利用海洋活动及海洋生物吸收大气中的二氧化碳，并将其固定、储存在海洋中。海草床、红树林、盐沼被认为是三个重要的海岸带蓝碳生态系统。研究表明，大型海藻、贝类乃至微型生物都能高效固定并储存碳。

红树林通过光合作用捕获大气中的碳，并将其储存在树枝、树根以及沉积物中。

海洋储存了地球上约93%的二氧化碳，据估算为40万亿吨，是地球上最大的碳库，并且每年还能清除30%以上排放到大气中的二氧化碳。未来，蓝碳将分担和缓解碳排放压力，是减排的另一条可行路径。

想一想：人类应该怎样保护和利用“蓝碳”？

我国广阔的海域、丰富的生物多样性、雄厚的产业基础和扎实的科研条件，为发展“蓝碳”奠定了坚实基础。通过“蓝色海湾”“南红北柳”“生态岛礁”等一系列重点工程，我国积极推进海洋生态建设和整治修复，发展“蓝碳”，加快美丽“蓝色国土”的建设。

“蓝色海湾”整治工程

在“蓝色海湾”整治工程中，国家海洋局结合陆源污染治理，实施环境综合整治、退堤还海、清淤疏浚等措施，恢复和增加海湾纳潮量，因地制宜建设海岸公园、人造沙质岸线等海岸景观，推动16个污染严重的重点海湾综合治理，完成了50个沿海城市毗邻重点小海湾的整治修复。

例如，汕头市南澳岛整治项目，是全国首批18个“蓝色海湾”综合整治试点项目之一，包括金澳湾、赤石湾、烟墩湾、竹栖肚湾及龙门湾五个海湾的综合整治、水生态修复和海洋环境监测，使海岛生态环境明显改善。

南澳岛

“南红北柳”生态工程

“南红北柳”生态工程指因地制宜开展滨海湿地、河口湿地的生态修复工程。该工程在我国南方以种植红树林为主，海草、盐沼植物等为辅；在我国北方以种植柽柳、芦苇、碱蓬为主，海草、湿生草甸等为辅。

浙江洞头

浙江洞头从2016年开始探索试种红树林。在种植过程中，专家们意外发现了本应生长在北方的柽柳。经查看与确认，专家认为该区域是一个典型的南北过渡带，同时具有南方红树林和北方柽柳的生长条件，非常难得。

“生态岛礁”修复工程

“生态岛礁”修复，指对受损岛体、植被、岸线、沙滩及周边海域等进行修复，开展海岛珍稀濒危动植物栖息地生态调查和保育、修复，恢复海岛及周边海域生态系统的服务功能。

广西防城港山心沙岛是东亚－澳大利西亚鸟类迁徙路线上的重要栖息地。每年9月至次年3月，有大量候鸟在此迁徙越冬。由于长期受到海水侵蚀，岛礁面积曾退缩严重，面临消失的风险。2018年，“生态岛礁”项目正式开工。目前，海岛挡沙堤已初步建成，郁郁葱葱的马鞍藤爬满网格堤坝。岛上树木迎风屹立，一派生机盎然的景象。

广西防城港沿海滩涂候鸟云集

志愿者在行动　去“爱的港湾”感悟爱

位于上海市西南部的金山区，拥有23.3千米绵延的海岸线，其中7.2千米的城市岸线是上海稀缺的资源。

自2015年起，金山区聚焦杭州湾，连续开展两轮环境综合整治，生态环境全面改善，人居环境持续优化。

在生态系统修复方面，除了实施生态防护林养育工程外，金山区重点建设了金山三岛海洋生态自然保护区，维护海湾生态健康。如今，金山三岛不仅保留了上海地区陆上已绝迹的原始中亚热带地带性植被，还发现了上海市新记录物种，被称为上海的“最后一片净土”。

金山区以“爱的港湾”为主题，形成了独树一帜的滨海文化区。利用节假日去“爱的港湾”走一走，顺便录点短视频，献上你的“爱心”吧！

海洋是大量生物的家园。目前，我们虽然可以估计出海洋中的物种数量，但没有人能确切知道这个数字是多少。由于人类的过度捕捞，近海鱼类产卵场曾经遭到严重破坏，海洋渔业资源持续衰退，甚至一度出现了“东海无鱼”的水域荒漠化现象。此外，大量污水和垃圾的排放造成了海洋污染，使得近海海水富营养化，破坏了原本的生态环境，影响了鱼虾的生存。

我国为保护海洋生态环境，发展生态渔业，不仅实行了严格的海上休渔制度，并且正在积极建设海洋牧场，从而确保现代渔业的可持续发展。

海洋牧场

海洋牧场指在一个特定的海域里，采用规模化渔业设施和系统化管理体制，利用自然海洋生态环境，特别是在海藻场或人工鱼礁的基础上，聚集鱼类等海洋经济动物，进行海上增养殖。它就像一个小型的人工渔场，“渔场”中的“植被区”主要由人工鱼礁、海草床和海底森林组成，人为制造的海底“山脉”便于海水形成上升流，将海底的营养物质带到表层，为海洋生物提供天然饵料。

海洋牧场比海水养殖更重视环境与品质，不仅可以减少对生态环境的污染，保护海洋生态系统，而且能够保障优质水产品的持续供给，提高生产效率。

海洋牧场

志愿者在行动　在家也可以保护海洋

购物时，避免使用一次性塑料袋。

洗衣时，不使用会对海洋造成污染的洗涤剂。

想一想：我们还可以为保护海洋做点什么？

综合活动：如果让我当河长

2017年元旦，习近平主席在新年贺词中发出了每条河流都要有“河长”的号令。“河长制”要求各级河长负责组织领导相应河湖的管理和保护工作。全面推行河长制是落实绿色发展理念、推进生态文明建设的内在要求，是解决我国复杂水问题、维护河湖健康生命的有效举措，是完善水治理体系、保障国家水安全的制度创新。

上海“河长制”的标准化实施

资料显示，上海的大小河流（包括湖泊）达4.7万余条，其中80%以上为镇（乡）管河道和村级河道，分布于全市街镇和田间地头、宅前屋后，治理难度较大。为此，2018年上海正式启动河长制标准化街镇建设，通过提升基层治水管水能力，打好碧水保卫战，改善了城乡水环境质量。

截至2020年底，全市基本消除了劣V类水体，河湖水质得到明显改善。前后共有6000余名各级河长、4万余名护河志愿者深入参与水环境治理，逐步形成了全民共谋、共治、共享的治水护水新格局。

想一想

1. 河长的工作职责有哪些？
2. 上海的河长制标准化街镇建设有哪些特点？
3. 如果让你当河长，你将从何处入手？

超链接 河长制工作开展的“标准化”

1. “两确保”：消劣目标确保完成、水面率达标确保完成。
2. “五有”：有机构、有人员、有经费、有制度、有保障。
3. “四化”：网格化、信息化、精细化、制度化。
4. “六个一”：建立一套工作制度、整合一支管水队伍、落实一个工作场所、悬挂一张水系图、搭建一个展示交流平台、建立一个工作交流群。

志愿者在行动 我当“河长”的尝试

时间：________________　　地点：________________

组名：________________　　组员：________________

我们的工作任务单

	关注要点	实施记录
准备阶段	1. 河流名称的来源	
	2. 与河流有关的历史故事	

（续表）

	关注要点	实施记录
巡河阶段	1. 辨识河流有无明显异味	
	2. 观察水中是否有鱼虾游动	
	3. 观察水面是否有动植物	
	4. 观察河畔是否有绿植生长	
	5. 观察河道是否有船只通航	
	6. 了解河道有无排污入口	
	7. 了解是否存在破坏生态环境的行为	
总结阶段	1. 着重评价河道的生态状况	
	2. 能否给出改进建议	
我的收获与感想：		

召开“河长”体验交流会，汇集整理“河长”们的工作成果，递交给该河段的河长；也可以利用收集到的资料，制成“河长巡查展示板”，在校园和社区展出，引起更多人对于身边水生态环境的关注。

你的“实战演练”经历、心得体会以及成果展示内容，将作为本单元学习评价的重要依据噢！

自我评价	同伴评价	教师评价
☆☆☆☆☆	☆☆☆☆☆	☆☆☆☆☆

第3单元

爱护“生命共同体”

在我国江苏省盐城市的海滨区，有一片举世闻名的滩涂湿地——黄海湿地，正式名称为“中国黄（渤）海候鸟栖息地（第一期）”。每年，数以百万计的候鸟在此停歇、换羽、越冬。黄海湿地支撑了17种世界自然保护联盟红色名录物种的生存，是世界上稀有的迁徙候鸟勺嘴鹬、小青脚鹬的存活依赖地，也是中国丹顶鹤的最大越冬地。

2019年7月5日，该湿地在第四十三届世界遗产大会上被列入世界自然遗产名录，成为我国第54处世界遗产，填补了我国滨海湿地类型遗产空白，实现了我国世界遗产从陆地走向海洋“零的突破”。

黄海湿地

“退渔还湿”的生态修复工程

黄海湿地中的建川湿地以前是淡水鱼养殖区。过去，养殖户为了从“鸟口”抢食，通过放鞭炮、敲锣等方式，将觅食的鸟儿赶走，对当地生态造成了很大的破坏。

随着盐城湿地保护力度加大，该地块实施了“退渔还湿”工程。2020年以来，在前期大量摸排、调研工作的基础上，当地政府与企业合作，在建川养殖区退养区域内开展生态修复试点工程，修复并重塑稻田、河网、光滩、林带等丰富的生境，以便各种鸟类觅食栖息。修复区内的农作物采用生态种植的方式，不使用化肥和农药。收割稻谷时，人们有意“遗留”部分稻谷作为鸟群的“口粮”，“遗留”的秸秆则成为鸟类繁殖、夜栖及避险之所。谷物售卖的经济收益则作为后期的管护经费，从而实现了“生态＋农业”的良性循环。

想一想

1. 湿地养鱼、“鸟口夺食”的行为给当地的生态环境造成什么影响？

2. 盐城黄海湿地的生态修复工程给了我们哪些启示？

3. 什么是地球“生命共同体”？人类为什么要花大力气保护生物多样性？

一、推开“多样性”之窗

2021 年，习近平主席在《生物多样性公约》第十五次缔约方大会领导人峰会上的主旨讲话中指出：“我们要深怀对自然的敬畏之心，尊重自然、顺应自然、保护自然，构建人与自然和谐共生的地球家园。”

地球上的所有生物都不能单独生存，它们彼此联系、互相影响，共同构成了一张错综复杂的生命之网。一个生态系统中的生物种类越多，结构越复杂，自我调节能力和抵抗外界干扰的能力就越强，越容易保持平衡。

认识生物多样性，才有可能更深刻地认识生命的意义。人是自然的一部分，人的自由而全面的发展，是在与大自然的相守相助中实现的。只有明白了人与生物多样性的关系，我们才能更自觉、更主动、更努力地适应自然、保护自然。

想一想：为什么说保护生物多样性，就是保护人类自己的未来？

无所不在的生命

到目前为止，地球上已经鉴定并命名的物种超过200多万种，其中包括30多万种植物、100多万种昆虫、超过3万种鱼类、超过1万种爬行类和两栖类、约1万种鸟类、6000余种哺乳动物……但是，科学家还不能确定地球上到底有多少种生物存在。

有人说，倘若你从地上捧起一把土，也许你就能捧起一个令人惊奇的生物世界。在高倍显微镜等工具的帮助下，我们可以发现：这捧土里可能有微生物、昆虫、环节动物等各种生物，物种数量甚至可以达到成千上万个。

有兴趣的同学可以在校园里挖掘一点土，拿到生物实验室去。在教师的帮助下，利用显微镜看看土里都有哪些微小的生物，做好观察笔记。

身边的动植物朋友

城市生态系统是一个以人为中心的人工生态系统。随着城市化进程加速，建筑物、道路及其他基础设施等割裂了城市中原有的自然生态环境，影响了城市中的植被覆盖率，进而影响城市的生物多样性。有人说，城市中除了人和“水泥森林”，很难见到野生动植物。你同意他的说法吗？

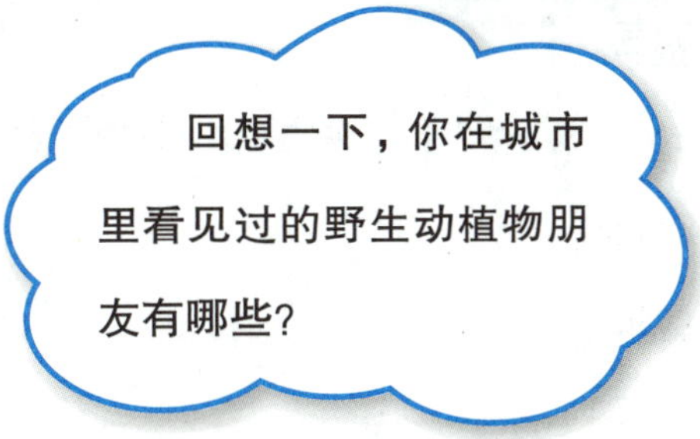

动物和植物是城市中生态系统的重要组成部分，对保证生态系统功能的持续性和稳定性具有重要的价值。例如，城市的植物群落具有水土保持、调节城市小气候、降低城市热岛效应等作用，还能够净化空气、降低噪音、为城市中的动物提供栖息地等；土壤动物如蚯蚓等促进了生态系统的物质循环。让我们从观察校园生物开始，重新认识身边的动植物朋友们。

志愿者在行动　校园生物多样性小调查

绘制校园地图

借助地图软件认识校园地形，并以小组为单位完成校园地图（草图）绘制；也可以向学校总务部门借览校园平面图，在此基础上根据需要绘制校园地图（草图）。

调查校园生物的种类和分布

在校园里选择一个合适的区域，观察草地、花坛和小树林里都有哪些动植物种类，记录在表格中。然后通过与其他小组的交流合作，完成对校园植物种类和数量的统计，同时说明自己在调查过程中发现了哪些动物，这些动物与所处环境存在怎样的联系。

<table>
<tr><td>小组成员</td><td colspan="5"></td></tr>
<tr><td>调查日期</td><td colspan="3"></td><td>调查时间</td><td></td></tr>
<tr><td>天气</td><td colspan="3"></td><td>在校园中的位置</td><td></td></tr>
<tr><td rowspan="4">观察到的植物</td><td>序号</td><td>中文名</td><td>乔木 / 灌木 / 草本 / 藤本</td><td>形态特征</td><td>数量</td></tr>
<tr><td></td><td></td><td></td><td></td><td></td></tr>
<tr><td></td><td></td><td></td><td></td><td></td></tr>
<tr><td></td><td></td><td></td><td></td><td></td></tr>
<tr><td>观察到的动物（发现的位置，与所处环境的关系）</td><td colspan="5"></td></tr>
</table>

制作校园绿色地图

各小组通力合作，制作完成一份校园绿色地图。在图上大致绘出校园植物种类的分布，并标明动物出没的地方，还可以设置几个打卡点。一起试试看吧！

我们身边的动植物朋友不仅有高大的树木、碧绿的草坪、飞翔的鸟儿，还有很多并不起眼的小动物，它们也是生态系统中不可或缺的重要组成部分。例如，我们在校园的花坛边，不仅会看见色彩斑斓的蝴蝶，或许还能发现嗡嗡叫着的蜜蜂。那忙忙碌碌的小蜜蜂，除了能为我们提供花蜜之外，还有什么其他作用呢？

蜜蜂对全球生态系统的影响

蜜蜂是地球上重要的授粉昆虫。科学研究发现，环境的温度、湿度、光照和风等因素都会对蜜蜂授粉造成影响。在气温过高或过低的环境中，蜜蜂都会停止采蜜；湿度过大会影响蜜蜂飞行，湿度过小又会严重影响卵、幼虫和蛹的发育。全球四分之三供人类食用的水果和种子等作物生产在一定程度上依靠蜜蜂和其他授粉媒介授粉。

联合国将每年的5月20日定为世界蜜蜂日，旨在加强针对蜜蜂等授粉昆虫的保护措施，引起大家对此类物种的关注，了解它们与生态系统的关系，提升人们保护物种多样性的意识。

想一想

如果有一天，蜜蜂突然从地球上消失了，有哪些食物我们可能再也吃不到了？

在地球生态系统中，有像蜜蜂这样勤劳的授粉者，也有像大熊猫、金丝猴这样因数量稀少而备受关注的稀有动物。可是，还有一些生物看似没有太大用处，甚至对人类有害，比如会传播病菌的苍蝇、会使食物变质的霉菌等，就应该全部被消灭吗？不！它们在地球上也具有不可替代的作用。

发人深省的“连锁反应”

有这样一个故事：

太平洋上的世界第三大岛——加里曼丹岛上曾经疟疾肆虐。为了杀死传播疟疾的蚊子，人们开始在岛上喷洒一种有剧毒的农药。该举措很快奏效，蚊子、苍蝇等昆虫被大量消灭，但令人没想到的是，蜥蜴吞食这些昆虫的尸体后也死了，接着死去的是吃了蜥蜴尸体的猫。没有了猫，岛上老鼠迅速繁殖，居民又遭受到老鼠身上的跳蚤携带而来的新的疾病的威胁。

与此同时，岛上一些民居的屋顶开始坍塌。原来剧毒农药还杀死了以食幼虫为生的黄蜂。失去了黄蜂这一天敌，这些幼虫便开始肆无忌惮地啃咬屋顶上的茅草。

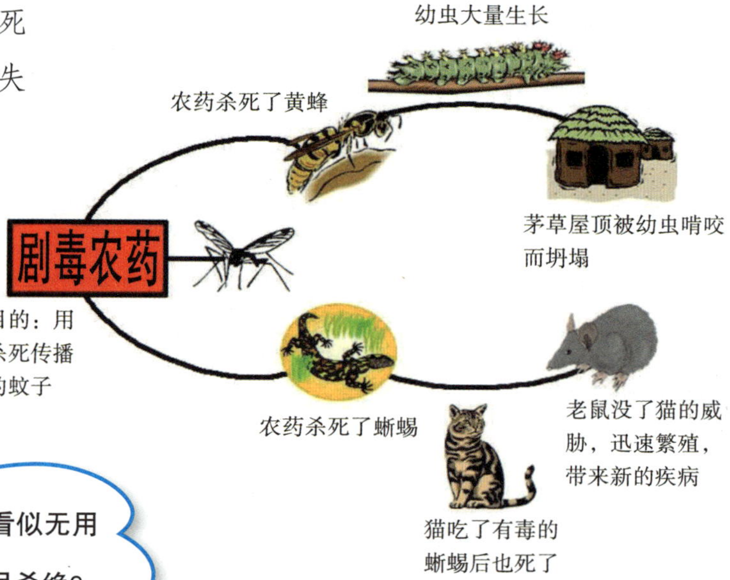

想一想：“害虫”或者看似无用的生物为什么不应该被赶尽杀绝？

二、这是生命的礼让

在人类文明发展的进程中，农业生产、城市建设、旅游开发等人为活动逐步改变了原有的生态环境，在一定程度上剥夺了野生动植物的生存空间，影响着动植物的生存和繁衍。同时，人类生产生活所排放的污染物，也使动植物的栖息地遭受破坏。

随着生态文明意识的提升，人们终于意识到大自然中的所有动植物都是地球生态系统的重要组成部分，每一个物种都有其独特的作用，共同维护着生态的和谐与平衡。

想一想

1. 你见过哪些破坏动植物栖息地的行为？
2. 为什么说如果人类不能与其他生物共存，就不能与地球共存？

正阳门楼上的“雨燕之家”

北京雨燕是世界上唯一以“北京”命名的野生候鸟。每年4月到7月中下旬，它们都会回到北京，在正阳门等古建筑的城楼上栖息，这样的景观已经持续了六百余年。多年来，位于北京中轴线上的古建筑一直向北京雨燕敞开怀抱，通过监测，正阳门城楼上的雨燕巢穴约有28个，栖息的雨燕约有百余只。

为了给北京雨燕提供更好的保护，正阳门上没有设立防鸟网。2022年，正阳门城楼启动修缮工程。原定的施工期正值雨燕繁殖期，为保护雨燕的生活习性不受影响，该工程最终等到雨燕全部南飞之后才正式开工。该工程负责人说：“古建保护重要，生态保护同样重要！”

北京雨燕

想一想：我们为什么要给雨燕一个安稳的家？

“生态廊道”又称“生物廊道”，是人们保护濒危物种的一种重要手段。简单来说，生态廊道就是为了适宜生物生存、扩散或基因交流，将分散的、孤立的生物栖息环境连接起来的通道，也被称为“生物多样性之桥”。

野生动物的绿色通道

我国的青藏铁路穿越可可西里、羌塘、三江源等国家级自然保护区，这里生活着藏羚羊等珍贵的野生动物。为最大限度减少工程建设对当地生态系统的影响，在铁路规划建设之初，人们便依据沿线的野生动物种类、习性以及地形地貌等特点，设置了 33 处、总长逾 58 千米的野生动物通道。这样，快速行驶的火车与悠然自得的藏羚羊各走各的路，和谐相处，互不干扰。

查一查：近年来，我国还修建了哪些保护生物多样性的工程？

大熊猫被“降级”啦

大熊猫在地球上已经生存了至少 800 万年，被誉为中国的“国宝”，素有“活化石”之称。历史上因为气候、环境的变化和人类活动的影响，大熊猫曾经濒临灭绝。目前，我国已建立 67 个大熊猫自然保护区和 1 个国家公园，野外大熊猫的数量实现了自然增长，分布范围有所扩大，栖息地质量也得到了改善。2021 年，我国野外大熊猫达到 1800 多只，受威胁程度等级由“濒危”降为“易危”。

想一想：人类为什么要对地球上的其他生物作出礼让？

自古以来，中华民族就有保护动植物的优良传统，并积累了丰富的经验。据《周礼》记载，当时设置了专职管理人员对自然资源进行管理，如“山虞”掌管山林，“迹人”掌管狩猎。周文王的苑囿“灵台”中饲养着鹿、鹤等多种动物，秦汉皇家猎场“上林苑”中已经开始饲养大熊猫，以及唐代的“华清宫”、明代的“西苑”、清代的“避暑山庄”等，都在客观上起到了保护珍稀动植物的作用。

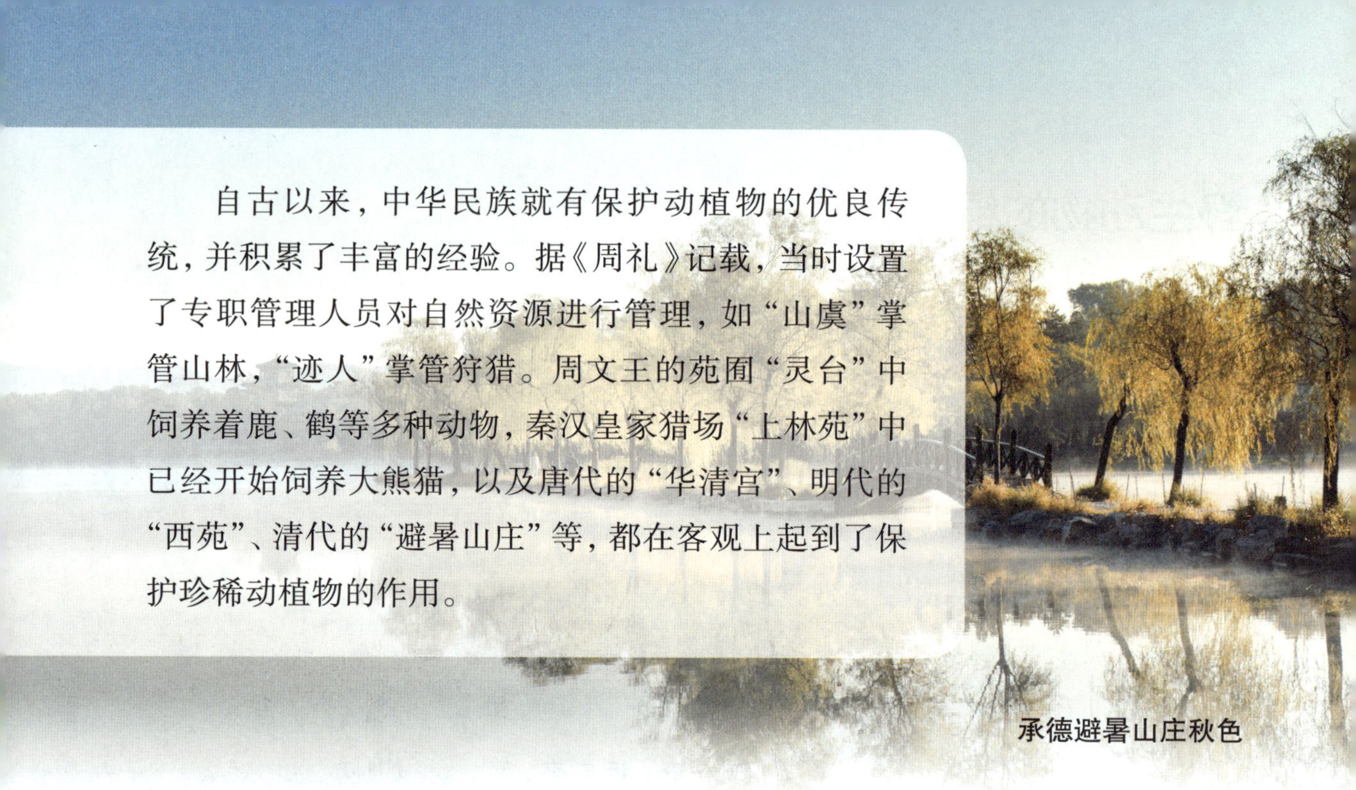

承德避暑山庄秋色

超链接　自然保护区和国家公园

根据《中华人民共和国自然保护区条例》，自然保护区是指“对有代表性的自然生态系统、珍稀濒危野生动植物物种的天然集中分布区、有特殊意义的自然遗迹等保护对象所在的陆地、陆地水体或者海域，依法划出一定面积予以特殊保护和管理的区域”。

国家公园是我国自然生态系统中最重要、自然景观最独特、自然遗产最精华、生物多样性最富集的区域，除却自然保护功能外，兼具科研、教育、游憩等综合功能。2021 年 10 月，我国正式设立三江源、大熊猫、东北虎豹、海南热带雨林、武夷山等首批 5 个国家公园。

武夷山国家公园

志愿者在行动　绘出我心目中的“动物天堂”

你知道上海目前有几个自然保护区吗？让我们一起走近这些自然保护区看一看吧！

1. 查找资料，看看这些自然保护区重点保护的朋友是谁。

自然保护区	面积	主要保护对象
崇明东滩鸟类自然保护区		
长江口中华鲟自然保护区		
九段沙国家级湿地自然保护区		

2. 选择一个合适的时机，邀请家人或朋友去一个自然保护区“打卡”。

3. 在获得亲身体验后，绘出你心目中的“动物天堂”。尽量发挥你的想象，为我们的动物朋友设计一个温馨安全的家。

除了建立自然保护区外，“极小种群恢复工程”是另一种保护野生动植物的方式。獐是上海本地的“原住民”，是一种可爱、温顺的小型鹿类。它们最明显的特征是头上没有角，但雄性嘴上有獠牙。

自上海开埠以来，獐的数量随着城市化进程逐渐减少，到20世纪初，上海已几乎见不到獐的踪迹。2006年开始，上海市启动极小种群恢复工程，建设了一批野生动物栖息地，重新引进獐、扬子鳄、麋鹿等一系列重点保护的野生动物。

青海湖畔的普氏原羚

普氏原羚是我国特有的羚羊，目前仅生活在青海湖畔。它们的数量一度比大熊猫还要稀少，2007年只有300只左右。

尊重每一种生物的生存权利，就是保护人类自己。

为了让普氏原羚有个安稳的家，当地设立了普氏原羚特护区和保护站，尽量拆除区内围栏的刺丝；在冬季草场草料不足时，人工投放草料等食物，并且修建永久性饮水池。如今，青海湖畔的普氏原羚数量稳定在2700余只，10多年间增长了约8倍。

志愿者在行动　让我们“与貉共处”

近年来，上海“原住民”貉频频现身城市，引起市民广泛关注。在被它们可爱的外表吸引之余，人们也产生了一些顾虑：它们会传播疾病或对人类造成危害吗？貉可以被当作宠物饲养吗？寻求与这些野生动物的共存之道，营造人与野生动物和谐共处的空间，是我们的责任和担当。

请你收集资料，了解貉的习性以及它们出现在小区的原因，设计一份“与貉共处”的宣传方案。

“与貉共处”的宣传方案

谁是貉？（可以插入图片以及有关貉的习性的文字描述，帮助大家认识这种动物）	
它为什么会来到我们身边？（写出你的调查结果）	
我们的倡议	1. 当发现貉，请…… 2. 如果貉进入小区，过度靠近居民生活区域…… 3. ……
展示你的宣传海报或展板：	

三、共建和谐的生态家园

联合国的一份报告指出，预计到2050年，全球将有三分之二的人口居住在城市中。伴随着城市化进程的加快，人类与自然之间的直接联系正在急剧减弱。自然体验的缺失不仅会削弱人们对于生态环境保护的热情，也会给人类自身健康带来负面影响。目前，城市中出现的荒野植物园，正在成为重新连接人与自然的重要纽带。

公园深处的“荒野植物园”

在浦江郊野公园深处，有一个占地17000平方米的“荒野植物园”，用以尝试恢复原有乡土植物的生存状态，探索人与自然的和谐共生。

生态修复师们利用乡土物种构建合理的群落结构，让其自发演替。如今这里生活着300多种乡土植物、500多种昆虫、80多种鸟类等，其多样性和动物的种群密度均远高于周边未修复的人工林地，还原了自然界原有的真实模样。

想一想：为什么在上海这样的现代化大都市里要建设“荒野植物园”？

超链接 生态修复

生态修复，主要指那些在自然突变和人类活动影响下受到破坏的自然生态系统的恢复与重建工作，使遭到破坏的生态系统逐步恢复，或使生态系统向良性循环方向发展，恢复生态系统原本的面貌。

志愿者在行动 参观“荒野植物园”

近年来，越来越多的志愿者加入了“荒野植物园”的生态修复工作，他们大多有植物学、昆虫学、景观学等专业学习的背景，还经常热心地对前来参观的游客普及生态文明理念和知识。建议你和小伙伴在教师或家人的支持下，利用课余时间去看看这座“躲”在浦江郊野公园深处的“荒野植物园”，实地考察一下城市生态修复最主要的目标是什么，植物园里为什么要种植本土植物，目前有哪些小动物在这里“安家”，这些物种在修复过程中的变化，等等。相信你一定不虚此行。

城市中的“外来客”

你见过这些外来入侵物种吗？利用手机相关软件，查一查它们的名字和危害。

外来入侵物种，指在入侵的生态系统中形成了自我再生能力，并给当地生物多样性、生态系统或景观造成明显损害或影响的外来种。

现在有些人一提外来物种就谈虎色变。其实，外来物种并不见得都是有害的。蔬菜、水果多数是外来物种，五谷杂粮中也不都是当地物种。外来物种中真正能够造成入侵危害的只占很小一部分。“防患于未然”是控制外来物种入侵最有效的途径。

志愿者在行动　为防止生物入侵而行动

1. 积极参与科普活动，认识外来物种入侵的危害，掌握最基本的识别方法，熟悉本地区有哪些外来入侵生物。

2. 饲养宠物时，如果发现宠物是外来生物，绝对不能随意“放生”。

3. 积极参与外来入侵物种的调查和清除活动。在深入调查研究的基础上，学习科学地清除这些外来入侵生物。

4. 设计制作宣传手册或其他文创作品，向小区居民做一次有关防止生物入侵的宣传。

外来入侵物种警示牌

（粘贴“外来客”的照片）	名称： 特点： 危害： 入侵时间：

发展城市绿化，还需要科学配置绿地植物群落，提高绿地植物养护水平，发挥绿地的生态功能，促进绿地区域群落的发育和自我维持、更新，实现可持续发展。让我们走近身边的绿地，去看一看发生在那里的故事。

金色中环的“城市绿肺”

坐落于上海市浦东新区金桥路的涟动公园，是一座以“生态修复，让城市深呼吸”为核心理念的“都市湿地森林”。这里的人工湿地肩负海绵过滤、植物阻隔、吸附净化的作用，提升了周边水体的生态环境。在这里，你可以了解海绵城市的生态功能，寻找上海鸟类的踪影，观察湿地植物的群落。

公园里保留了大量原生的香樟、女贞、朴树、构树。在开挖水系时，为保护“挡路”的树木，多采用绕路或设置浅滩、岛屿等方案。此外，在绿地中还引入了200多种植物，形成林、灌、草、水生植物相结合的多层次绿化体系，让多种生物都能在这里找到满意的定居环境。

涟动公园

想一想：我们应该怎样做，才能让这些生态空间发展得更好？

志愿者在行动 绿地生态空间小调查

1. 采访小区居民，请他们介绍一下自己身边绿地生态空间的变化情况。

	20 世纪 90 年代	现在
小区附近公园数量		
小区周边的绿化情况		

2. 用摄影的方式，记录城市公园绿地的美景。通过观察和采访，了解小区居民对绿地生态空间还有哪些需求。

绿地美景（照片）	居民在绿地活动的情况（照片或文字描述）	居民对绿地生态空间的需求（采访记录）

超链接 乡土植物

乡土植物指的是在一个地区内土生土长的植物，它们大都没有经过人为的影响，对本地环境的适应性较强，易种、易活，养护成本较低，并且资源丰富。香樟、构树、女贞、桂花树等都是上海地区典型的乡土树种。近年来，在生态修复、园林绿化领域，乡土植物的恢复和应用得到重视。

构树

桂花树

香樟

女贞

有兴趣的话，利用闲暇散步之时，看看屋前宅后种植了哪些乡土植物。

南阳市给出的“生态名片”

2022 年 12 月，《生物多样性公约》第十五次缔约方大会第二阶段会议在加拿大蒙特利尔举行。在此次会议框架下举办的“全球地方政府和城市角—中国日”上，历史文化名城南阳市和成都市、昆明市、湖州市、深圳市、嘉兴市一起，获得了“生物多样性魅力城市”称号。

在全球诸多城市中，南阳市交出的“生态名片”为全世界城市保护生物多样性树立了标杆，提供了样板，因而脱颖而出。

南阳市森林覆盖率达 40.5%。境内已知植物资源 3200 余种、动物资源 345 余种、大型真菌资源 445 余种。全市现有各类自然保护地 37 处，国家级自然保护区 5 个，省级自然保护区 3 个，保护区面积约占全市总面积的 8.94%。

超链接 生物多样性魅力城市

“生物多样性魅力城市”以联合国《生物多样性公约》秘书处推荐的新加坡城市生物多样性指数为主要技术标准，是城市生物多样性保护的生动例证，绘就了城市与自然共生共融的美丽画卷。

生物多样性魅力城市——昆明

在完整的自然生态系统中，各要素之间是互惠互利、共生共存的关系。我们在进行城市生态空间规划时，也要关注城市空间各个部分之间的关系，将原有自然生态系统和城市环境建设结合起来，保持人与自然相互协调，促进城市可持续发展。

超链接 “上海2035”生态空间规划

2021年世界环境日当天，上海市绿化和市容管理局发布了《上海市生态空间专项规划（2021—2035）》，为上海城市的未来发展描绘了美好的生态蓝图。规划明确提出：上海将建设“城在园中、林廊环绕、蓝绿交织”的生态空间，打造一座令人向往的生态之城。

一江：形成黄浦江沿岸绿地生态空间格局，继续提升品质和扩大效益。

一河：苏州河沿岸有滨水绿带、支流绿带，共同构成蓝绿网络。

一带：以外环绿带为纽带，建立中心城与郊区的生态通道，打造环城生态公园带。

志愿者在行动　为校园生态空间做规划

让我们为校园生态空间的未来做一个规划吧！

活动目的

观察校园生态环境，充分了解校园空间各组成部分之间的分工和联系，尽可能地合理利用原有的自然生态资源，既要保证校园绿化面积，兼顾美观，还要设法降低养护成本，给广大师生提供更多亲近自然、呵护生物多样性的机会。

活动内容和思路

1. 现有生态空间存在哪些优点和不足？怎样发扬优点、改进不足？

2. 校园绿植中有哪些乡土物种？哪些植物养护比较困难？能不能替换为乡土物种，降低养护成本？

3. 通过乔木、灌木和草本的搭配，形成种类多样、互利互惠的立体植物群落。

4. 为小动物“安家落户”提供食物、饮水区域和栖息地。

综合活动：城市公园的生态调查

2018年2月，习近平主席在视察成都天府新区时，首次提出“公园城市”的全新理念和城市发展新范式。公园城市的建设具有两大特征：一是普惠，提高全民生活品质；二是系统，将生态引入城市，把城市变成大公园。

城市公园是市民进行文化活动的重要场所，堪称“城市中的绿洲”，对美化城市面貌和平衡城市生态环境、调节气候、净化空气有重要作用，是铸就韧性城市的基本保障。

成都天府新区兴隆湖

上海正在建设“千园之城”

青西郊野公园

上海已将“公园城市”建设纳入下一步发展目标，正在逐步优化“市民—公园—城市”三者的关系，通过开展全域公园建设，推动城市与公园的全面开放融合。在空间布局与类型上，除传统的中心城区都市公园外，还要结合“森林城市”和“湿地城市”建设，打造森林公园、湿地公园以及各类开放式生态空间，构建全新的“千园之城”。截至2021年，上海人均绿地面积已达到8.5平方米，到2025年全市公园将超过1000座。

吴淞炮台湾湿地森林公园

月湖雕塑公园

超链接 城市公园分类

城市公园不仅强调其游憩功能，更强调城市、生态、公园的三重属性，即海绵城市的载体、生态红线的支撑、居民游憩的空间。根据其原有基地及周边环境的影响状况分为“保护型”“改善型”和“修复型”三大类。

“保护型”城市公园是指以保护原有生态环境为目的的城市生态公园，如上海市青浦区大莲湖畔的青西郊野公园。“改善型”城市公园指所在区域受人为因素影响较大，城市化特征较为明显的公园，如上海长风公园是周边居民休憩娱乐的场所。“修复型”城市公园主要指修复原有基地及周边环境的公园，如上海后工业景观生态公园等。这类公园的教育意义较大，能唤起人们对于自然的保护意识和敬畏感。

上海长风公园

想一想

1. 你去过城市公园吗？
2. 怎样才能更好地发挥城市公园游览、休憩、教育和康健等多项功能？
3. 我们如何为城市公园的建设作贡献？

志愿者在行动　城市公园的生态调查

小组名称：________________

调查时间：________________　　　调查地点：________________

调查目的：初步学会生态调查方法，通过调查分析城市公园的生态状况，针对生态保护方面的不足，大胆提出改进意见。

准备阶段

利用互联网查找公园的相关资料，根据公园游览图合理规划调查路线，并制作成电子活动引导图。

活动关注点	实施记录
了解公园概况	
设计制作公园电子活动引导图	

调查阶段

1. 调查公园里的动植物种类和分布情况

按照事先设计的调查路线，分组划片调查城市公园里的动植物种类和分布情况，借助相关软件进行物种识别，做好详细的调查笔记。

活动关注点		实施记录			
调查区域名称					
动物	名称				
	数量				
	分布位置				
植物	名称				
	数量				
	分布位置				
分析生物与环境的关系					

2. 调查公园中的水体环境及水质

分组调查公园里的河道 / 湖泊及周围环境，有条件的小组可以利用便携式水质检测仪，结合所学内容，完成对公园水体的环境调查和水质调查。

<table>
<tr><th>活动关注点</th><th colspan="7">实施记录</th></tr>
<tr><td>河道 / 湖泊周围的环境</td><td colspan="7"></td></tr>
<tr><td>河道 / 湖泊中的动植物</td><td colspan="7"></td></tr>
<tr><td rowspan="4">河道 / 湖泊水质检测</td><td></td><td colspan="6">成分检测</td></tr>
<tr><td>取样点 1</td><td>气味</td><td>浊度</td><td>溶解氧</td><td>总硬度</td><td>……</td><td>……</td></tr>
<tr><td>取样点 2</td><td></td><td></td><td></td><td></td><td></td><td></td></tr>
<tr><td>……</td><td></td><td></td><td></td><td></td><td></td><td></td></tr>
</table>

3. 调查公园中的空间利用

城市公园除具有休闲功能外，还能供人们开展各种文体艺术活动，进一步提升居民的生活品质。各小组可以沿着设定路线，调查并记录公园里不同的公共空间及其相对应的功能。

活动关注点	实施记录
绿化空间	（估计绿化空间比例，记录物种多样化程度、不同景观比例等）
公共活动空间	（记录公共空间的不同功能、活动形式，通过采访或问卷，调查居民对公园公共空间的使用情况和满意度等）
……	

总结阶段

活动关注点	实施记录
1. 评价该公园的生态状况	
2. 公园存在的问题及我们的建议	
3. 是否有需要进一步探究的问题	

评价公园的生态状况可以遵循以下三原则：

1. 保护环境原则：遵循自然发展的规律，不破坏自然环境。

2. 最低干预原则：布置公园的生态景观时，能够用最低的成本和最少的人工手段达到最理想的效果。

3. 显露自然原则：让每一个市民在公园里都能够更直接地融入自然，拉近与自然的距离，促进人与自然和谐共生。

展示阶段

1. 准备参加展示交流的作品

整理参加生态调查的笔记，找出自己最喜欢的动植物，制作自然笔记；或者把自己对生态调查中印象最深刻的公共活动空间绘成漫画、制成微视频等，作为参加展示交流的作品。

2. 举办城市公园生态调查成果展示交流会

汇总同学们的参展作品，召开城市公园生态调查成果展示交流会，分享参与生态调查的心得体会。会后整理调查成果，针对生态保护方面存在的不足，完成改进意见书，提交公园管理部门，为打造公园城市贡献自己的力量。

你参与综合活动的经历、心得体会以及成果展示内容，是本单元学习评价的重要依据噢！

自我评价	同伴评价	教师评价
☆☆☆☆☆	☆☆☆☆☆	☆☆☆☆☆

第4单元

减少“碳足迹”

作为全球变暖的重要原因，温室效应及温室气体的排放已经引起世界各国政府及公众的重视。为了形象而准确地衡量温室气体排放对气候以及人类生活的影响，相关环保组织和学者提出了“碳足迹”的概念。

这里的“碳”是指石油、煤炭、木材等由碳元素构成的自然资源。“碳”耗用得越多，“碳足迹”就越大，对气候变化的影响亦越大。为了保护良好的生态环境，减少“碳足迹”的影响，我国新能源建设发展突飞猛进，让我们一起去看一看吧！

上海龙阳路地铁站屋顶光伏

上海地铁光伏发电站

位于上海浦东新区的龙阳路地铁站是上海地铁 2 号线、7 号线、16 号线和 18 号线的交会处，每天人流密集、众多列车进出。令人意想不到的是，这里的屋顶铺满光伏板，居然是一个隐藏着的光伏发电站，为地铁提供了充足的绿色能源。

包括龙阳路地铁站在内，上海地铁已有 10 个车辆基地完成光伏发电系统并网，总装机量合计约 24 兆瓦，年均发电量约 2300 万度。后续会有更多地铁停车基地进行光伏项目的设计和建设。

上海地铁光伏发电项目使用的是华为的智能光伏解决方案。目前，华为智能光伏已在北京大兴国际机场等多个重大交通枢纽投入使用，显示了“光伏 + 交通”的广阔应用前景。

想一想

1. 为什么要大力发展太阳能、风能、水能、地热能等新能源？

2. 相较于煤炭、石油等传统化石能源，新能源在保护生态环境方面具有什么优势？

3. 为了减少“碳足迹”，我们还可以做些什么？

一、让“碳排放”看得见

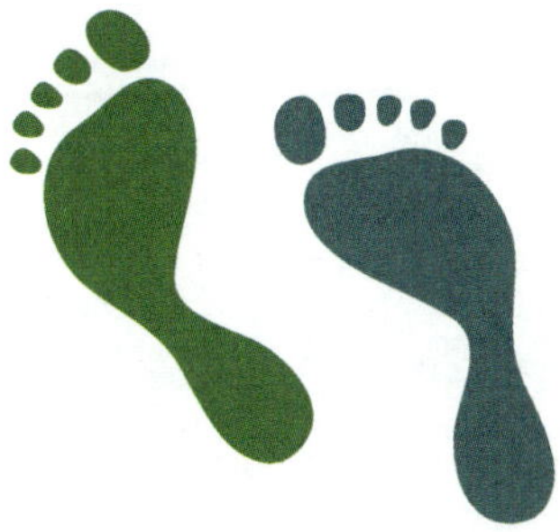

“碳足迹”，简单地说，是指由一个人、一个团体、一件产品或一场活动引起的“碳耗用量”。这是一种测量标准，可以用来直观地衡量人类活动对气候变化的影响。“碳足迹”测量的是二氧化碳、甲烷等全部温室气体的排放，然后以二氧化碳作为等价物，以吨或千克为单位进行计算。

百米高楼上的碳排放监测塔

2022 年，在 100 多米高的上海静安国媒中心楼顶，竖起了一座高约 10 米的环境空气温室气体自动监测塔。

目前，上海已经有嘉定外冈、宝山杨行、静安国媒、青浦金泽、松江车墩、浦东张江、奉贤海湾等 7 个温室气体监测站，以及位于崇明东滩的温室气体背景监测站。站点设置充分考虑了上海的地形地貌、气象等综合环境因素，以及能源结构、产业布局等社会经济特点，基本实现对全市温室气体监测的全覆盖。

宝山杨行温室气体监测站

想一想：人类的哪些活动会排放二氧化碳等温室气体？

根据我国向联合国提交的《中华人民共和国气候变化第二次两年更新报告》，目前在我国每年排放的温室气体中，能源活动排放占比最高，达到约 78%。从温室气体排放构成来看，二氧化碳排放约 89 亿吨，大约占据温室气体排放总量的 83%，全部来自化石燃料燃烧。

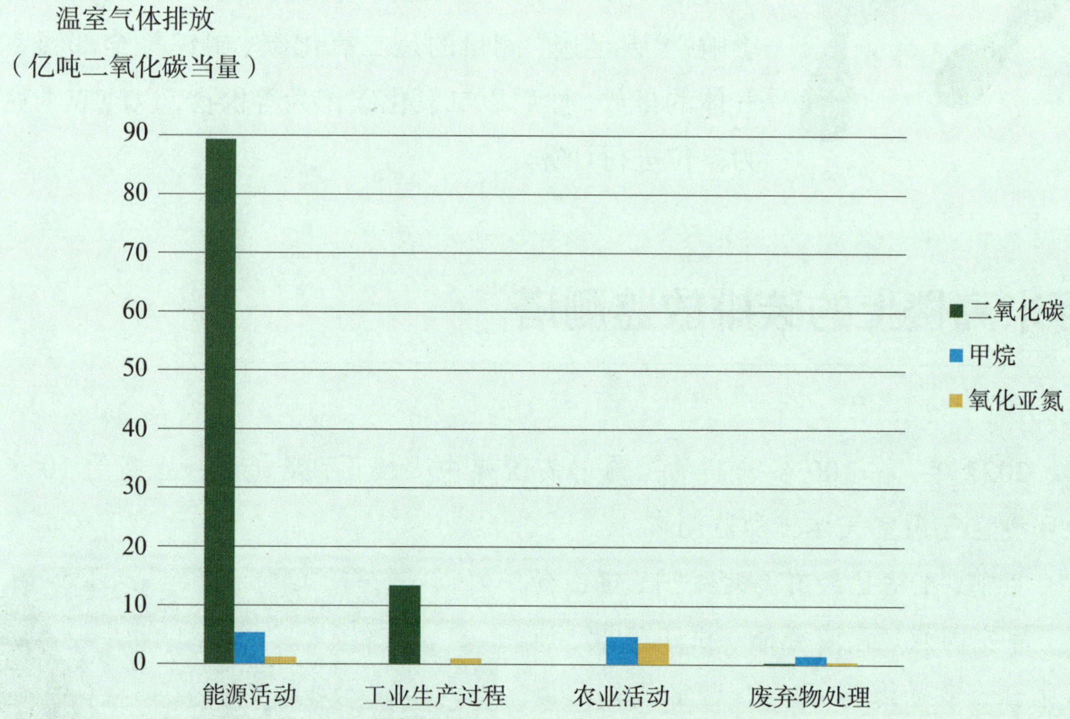

2014 年我国不同领域主要温室气体排放量

（不包括土地利用、土地利用变化和林业）

由此可见，二氧化碳等温室气体的排放主要和能源活动有关。改革开放以来，我国经济社会快速发展，能源生产与消费量巨大。面对气候变化、环境风险挑战等日益严峻的全球问题，我国积极促进经济社会发展全面绿色转型，寻求加快推进能源可持续发展的新道路。

“风光大省”开启新能源升级之路

甘肃省是我国重要的能源基地，同时也是西部重要的生态安全大屏障。甘肃风能、光能资源丰富，资源有效储量分别为2.37亿千瓦和1亿千瓦以上，分别位居全国第五、第三，具备基地化、规模化、一体化开发的优越条件。但此前由于经济发展程度较低，以及新能源发展阶段性、不连续性等特点，甘肃的新能源发展受到一定限制。近十几年来，甘肃开启能源转型升级之路，已建成酒泉千万千瓦级风电基地和张掖、金昌、武威、酒泉等四个百万千瓦级光伏发电基地。

甘肃酒泉横跨戈壁沙漠的风电场

超链接　积极转型，实现能源绿色低碳发展

粤港澳大湾区，指的是由广州、深圳、珠海、佛山、惠州、东莞、中山、江门、肇庆等9市和香港、澳门两个特别行政区组成的城市群。

来自西南的水能、来自西北和南海的风能以及沿海地区的核能，改变了粤港澳大湾区传统化石能源紧缺的现状。从“用上电”到“用好电”，粤港澳大湾区积极推动工业、交通、建筑三大领域用能模式不断优化创新，引导低碳生产消费模式，增强全社会节能减排意识和家居用能电气化。种种举措使得粤港澳大湾区在推进碳达峰与碳中和、实现能源领域绿色低碳发展方面，发挥了示范引领作用。

想一想：粤港澳大湾区是怎样做到绿色低碳“用好电”的？

港珠澳大桥

志愿者在行动　我国新能源发展情况调查

我国新能源建设发展迅速。在国家法律和政策的双重保障下，各地能源活动正在迅速实现从“黑色、高碳”向“绿色、低碳”的转变，清洁能源在能源消费中的占比持续上升。让我们广泛收集资料，看看下列新能源的发展具有哪些优势和困难，拥有怎样的应用前景。

新能源	优势	困难	主要应用前景
太阳能			
风能			
水能			
核能			
生物质能			
海洋能			

2022 年 6 月，上海市人大常委会表决通过的《上海市浦东新区绿色金融发展若干规定》，被视为上海首部绿色金融法规。该法规提及，浦东新区政府将探索建立“企业碳账户”和“自然人（常住人口）碳账户”，将企业碳排放表现信息和个人绿色低碳活动信息等纳入碳账户、形成碳积分，通过绿色金融助推能源转型。

例如，“个人碳账户”可以记录个人的绿色出行、旧物回收、使用电子账单、网上缴费等低碳行为，并转换为银行账户积分，用于换取一定的权益，帮助大家养成绿色低碳的生活习惯。

志愿者在行动　班级“碳账户”大比拼

让我们也来建立“个人碳账户”，并在班级中开展“绿色志愿者勋章”争章活动吧！建议在一个月内，每个人通过自己的低碳行为获取对应的“低碳能量值”，最终根据“低碳能量值”的多少授予不同等级的“绿色志愿者勋章”。

账户持有人姓名		
活动时间	年　月　日 — 年　月　日	
低碳行为	低碳能量值	绿色志愿者勋章
乘坐公共交通出行 1 次	120 克	1 个月内获得 2000 克以上低碳能量值
使用可循环利用包装袋 1 次	80 克	
使用可循环利用餐具 1 次	80 克	1 个月内获得 1200 克以上低碳能量值
垃圾分类投放 1 次	60 克	
		1 个月内获得 600 克以上低碳能量值

注：以上低碳行为所对应的“低碳能量值”为虚拟能量值，可根据活动需要自行定义低碳行为及其对应的能量值。

二、创建“低碳地标”

习近平主席指出：“环境就是民生，青山就是美丽，蓝天也是幸福。”“3060”双碳目标的确定，不仅正在迅速改变我国的能源结构和产业布局，同时也加快了生态文明建设的步伐。建设与自然和睦相处的城市，践行环保、节约、健康的生活方式的理念越来越深入人心，不断涌现的“低碳地标”便是这种绿色文化的表现。

低碳冬奥留下的“绿色宝藏”

低碳是 2022 年北京冬奥会的一项重要理念。在场馆设施、能源使用、交通服务等各方面，处处都隐藏着“绿色宝藏”。

在场馆设施建设方面，北京冬奥会大量使用 2008 年夏奥会的场馆，创造性地实现了“水冰转换”；采用一系列低能耗技术和施工材料，充分减少碳排放。

北京冬奥会的所有比赛场馆均实现了城市绿色电网全覆盖，照明、运行和交通等用电均由张家口的光伏发电和风力发电提供。

整个赛事期间，交通服务车绝大部分为氢燃料车、纯电动车、天然气车、混合动力车等清洁能源车辆，实现减排约 1.1 万吨二氧化碳。

工作人员为冬奥会车辆加注绿色氢能

想一想：2022 年北京冬奥会在低碳环保领域给全世界贡献了什么经验？

“零排放”节能建筑的崛起

中国宁波诺丁汉大学可持续能源技术研究中心，是我国最早实现“近零碳排放”的节能建筑之一。大楼利用阳光、雨水、地热等可再生资源，满足照明、电力、供暖和制冷等方面的需要。大楼采用的很多在当时具有探索性质的低碳建筑技术，如建筑自遮阳、地源热泵、太阳能空调等，在之后的10多年时间里得到了广泛应用。

想一想：人类的哪些活动会排放二氧化碳等温室气体？

“四叶草”绽放的小秘密

中国博览会会展综合体项目（北块）位于上海市虹桥商务区，它的4个展馆犹如四瓣叶片汇聚于中央广场，形如绽放的“四叶草”。场馆能源实现梯级利用，使能源的利用效率达到了75%以上。

值得关注的是：会展中心共使用12万套LED灯具，成为世界上第一个全部使用LED照明的场馆。仅测算高大展厅用电量，一年就可节约646万度电，减少二氧化碳排放量约6430吨。

志愿者在行动　让绿色光源点亮校园

LED 灯具是一种绿色光源产品，具有能耗低、寿命长、可回收、安全性高等特点，对实现低碳节能的生活起着强有力的推动作用。

让我们自愿报名，成立一个校园照明调查小组，看看我们学校一共使用了多少灯具，是否都是绿色光源产品。测算一下，如果全部换上 LED 灯具，可以节约用电多少度，减少多少二氧化碳排放。

全校照明共使用了________套灯具，其中传统灯具为________套，LED 灯具为________套。假设全部使用传统灯具的话，年用电量约为________度（可以询问一下学校总务处老师）。如果全部改用 LED 灯具，年用电量约为________度，可减少二氧化碳排放量约________吨。

勇于探索农村能源革命的兰考县

开展农村能源革命是实施乡村振兴战略的重要举措。河南省兰考县是典型的农业县，农林废弃物、畜禽养殖废弃物等可再生能源资源较为丰富。2016 年，中国工程院在兰考启动了开展农村能源革命的先导工程。借此契机，兰考锚定目标逐绿而行。至 2021 年底，兰考县实现全域煤炭消费清零，可再生能源占一次性能源消费比重达 75%，农作物秸秆、禽畜粪污资源化利用率为 85%，生活垃圾无害化处理率达到 97%，初步形成绿色低碳的能源消费体系，成为国家能源局批准的全国首个农村能源革命试点建设示范县。

想一想：为什么开展农村能源革命是实施乡村振兴战略的重要举措？

兰考谷营光伏发电场

上海高架路上的“追光者”

2022 年的夏天格外炎热。细心的司机在不经意间发现，上海一些高架路的声屏障外侧多了一些特殊的设备，它就是被誉为高架路上的“追光者”——光伏板。

千万不要小看这些其貌不扬的“追光者”，它们可是城市交通正在发展的清洁能源发电设备，能够有效缓解城市电网的供电压力，堪称实现交通领域能源绿色低碳转型和碳达峰、碳中和目标的“排头兵”。

超链接 太阳能光伏发电与光伏板

光伏板是一种利用太阳光直接发电的光电半导体薄片，是太阳能光伏发电系统中最重要的部分。由于近年来全世界都在积极推动可再生能源的应用，光伏产业的发展十分迅速。目前，我国光伏总装机容量、发电量均居世界首位。

志愿者在行动　把“追光者”请回家

近年来，我们生活中使用的光伏产品逐渐多了起来，如太阳能采暖、风电互补灯、太阳能充电桩、太阳能手表等。在全国各地的青少年科创比赛中，很多同学利用光伏板制作的各类低碳科创作品构思新颖、实用有趣，令评委们由衷发出感叹：“后浪”真是可喜可畏！

建议你在日常生活中坚持做有心人，积极寻找课题、开动脑筋，巧妙设计可以充分利用太阳能的小物件，让光伏板为绿色生活提供更多便利。

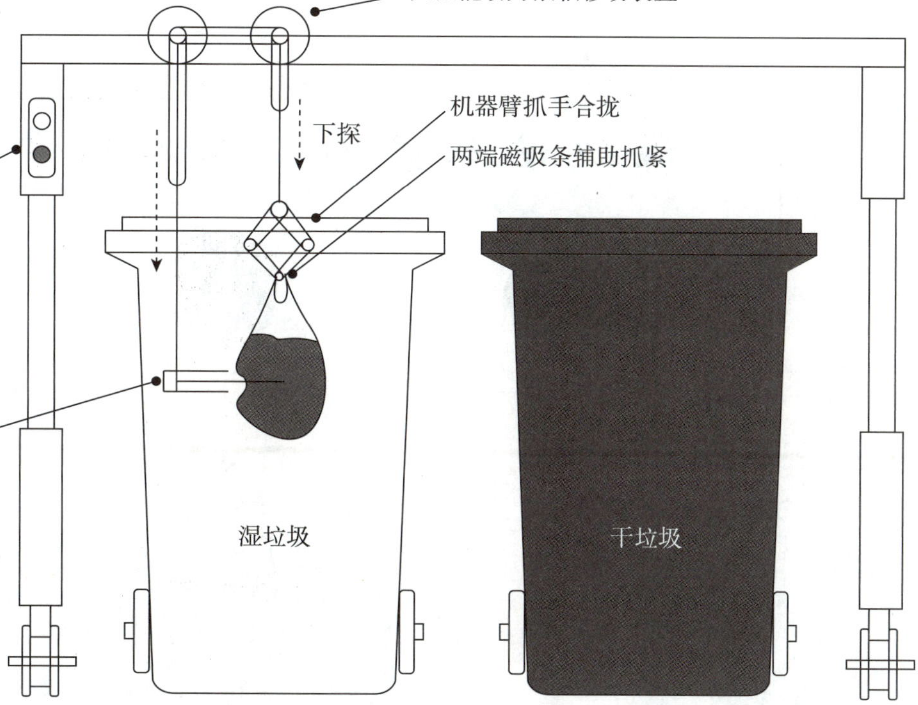

学生设计的“太阳能光电湿垃圾自动破袋机”，采用太阳能作为动力来源。装置通过光电感应自行启动，通过机器臂穿刺垃圾袋，使破袋过程都在垃圾桶内进行，既可有效进行垃圾分类，又可减少异味散发。

三、留下更多“绿手印”

与“碳足迹”的概念相对应，有人把人类为改善环境而作出的努力称为“碳手印”，还有大学生成立了“绿手印”环保组织。目前，通过植树造林、节能减排等措施“抵消”排放出来的温室气体，实现碳中和的主张，已经成为全球共识。为此，我们在这里把所有为保护生态环境、实现碳达峰、碳中和目标而采取的行动统称为“绿手印”。让我们以实际行动在中华大地上留下更多“绿手印”。

2018 年，在联合国环境规划署和联合国粮农组织的推动下，一些国际知名人士和环保组织在摩纳哥签署“1 万亿棵树宣言”，计划到 2050 年前在全球种植 1 万亿棵树，达到遏制土地退化和增加碳汇的目的，以此应对气候变化。这项计划很快得到了多国政府的支持，随后，计划实现的目标被提前到了 2030 年。

这里的“碳汇”，就是指通过植树造林、恢复植被等措施，吸收大气中的二氧化碳，从而减少温室气体在大气中浓度的过程、活动或机制。

“1 万亿棵树”活动的缘起

“1 万亿棵树”活动的前身是 2006 年联合国环境规划署发起的“全球 10 亿棵树运动”。因为目标简单、操作性强，活动得到全球各国的积极响应，2007 年底就完成了计划。随后，目标被调整到 70 亿棵树，并在 2009 年 9 月达成。到 2011 年底，在该活动的资助下，全球范围内一共新种植了 120 亿棵树。

在这个过程中，中国的植树造林功不可没。数据显示，我国在过去 40 多年里大约种了 660 亿棵树，为地球重披绿装作出了重要贡献。

据估算，平均每棵树每年大约能吸收 10 千克二氧化碳。请你算一算：660 亿棵树每年能吸收的二氧化碳大约为______亿吨。

塞罕坝实现了“生态逆转”

塞罕坝位于河北省承德市北部、内蒙古浑善达克沙地南缘，曾是“黄沙遮天日，飞鸟无栖树”的荒原。1962 年，国家林业部做出了建设塞罕坝机械林场的决定。三代林场建设者通过艰苦奋斗实现了荒原变林海的“生态逆转”。

这片世界上面积最大的人工林海不仅有效阻挡了北方的风沙，而且每年固定二氧化碳超过 86 万吨，释放氧气近 60 万吨。塞罕坝机械林场成为世界生态文明建设史上的范例，荣获联合国防治荒漠化领域最高荣誉“土地生命奖”，林场建设者获得联合国环保最高荣誉“地球卫士奖”。

想一想：塞罕坝的“生态逆转”给周边城乡人民生活带来哪些影响？

志愿者在行动　设计校园屋顶节能花园

在城市中，人们想方设法因地制宜地增加绿化面积，助力街道和社区实现碳中和。屋顶花园是目前较常见的立体绿化形式。让我们也来试一试，为校园建筑屋顶增添“绿手印”。

准备材料

太阳能电池板、喜阳植物、电子显示屏等。

实施过程

1. 选择合适的校园建筑屋顶。
2. 购买太阳能电池板。
3. 选择喜阳的植物，如月季、月见草、冬青等。
4. 用木头搭建 5～10 厘米高的花坛框架，并根据需要设计不同形状。
5. 铺上营养土，栽种植物。
6. 选择合适位置安装太阳能电池板。
7. 通过学校联系有关部门，将“校园屋顶节能花园”发出的电并入国家电网。
8. 通过电子显示屏将太阳能发电量和减少的二氧化碳排放量进行公示。

除了植绿护绿活动以外，加强生态修复，增加草原、湿地、湖泊等自然生态系统的固碳能力，从而吸收二氧化碳，减少温室气体在大气中浓度的行动，也是行之有效的“绿手印”。

志愿者在行动　让落叶成为固碳能手

秋风起，黄叶飘。每当秋天来临之时，小区里、校园里便都铺满了落叶。科学研究发现，落叶会促进土壤团聚体的形成，增强土壤的碳固持能力。怎样可以让落叶这个抵抗全球变暖的能手为生态环境保护作贡献呢？

让我们利用空暇时间，设计一份“校园落叶固碳行动方案”吧。将方案递交给学校，审核通过后，就可以和小伙伴们一起行动起来啦！

校园落叶固碳行动方案

工具准备		活动时间	
落叶清理区域		落叶处理地点	
落叶处理方法			
小组成员签名			

今天，信息与通信技术（ICT）的迅猛发展，不仅正在改变我们的学习和生活，也在促进全社会节能减排方面留下了不一样的“绿手印”。根据全球电子可持续发展倡议组织报告，到 2030 年，通过 ICT 技术的应用，有望使千行百业减少 20% 的碳排放量，10 倍于 ICT 行业自身的碳排放。

ICT 行业的绿色发展

数字化与低碳化可以相互驱动、相互促进，共同推动人类社会的绿色发展。近年来，ICT 行业秉承“让科技与自然共生”的环保理念，积极应对气候变化带来的挑战，基于 ICT 技术，重点围绕“推进节能减排、加大可再生能源使用、促进循环经济”采取行动，用科技创新守护人类共同的家园。

2021 年，以华为为代表的中国企业发布了数字能源零碳网络解决方案，提出建设极简站点、极简机房、极简数据中心，目标是通过“绿色站点—绿色网络—绿色运营”的一体化智慧管理，最终实现大幅度降低用电成本，提升能源效率。

华为云贵安数据中心

“东数西算”世纪工程

新一轮科技革命和产业变革正在重塑全球经济结构。我国通过全国一体化的数据中心布局建设，于2022年启动了“东数西算”世纪工程。

“东数西算”中的“数”指的是数据，“算”指的是算力，即对数据的处理能力。目前，我国数据中心大多分布在东部地区，经济比较发达，但面临能源和土地紧张的困难；而西部地区资源充裕，特别是风能、太阳能、水能等清洁可再生能源丰富，但算力需求不足。简单地说，“东数西算”工程就是把东部的数据处理和计算需求搬到西部去，算完之后再把结果传回东部，促进东西部协同联动，支撑全国经济高速发展。

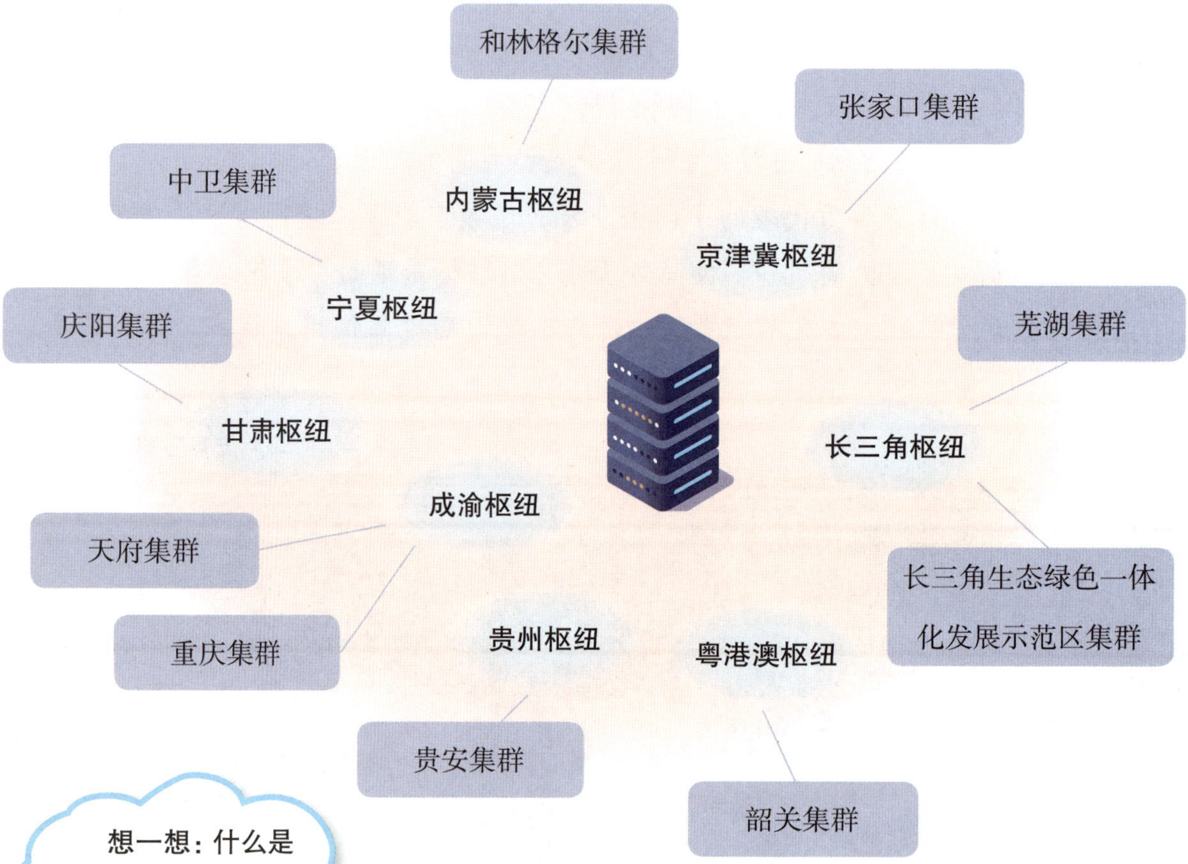

想一想：什么是“东数西算”世纪工程中的“绿手印”？

“东数西算”八大枢纽、十大集群

“千里之行，始于足下。”从传统工业文明走向现代生态文明，是人类社会进步的必然选择，其背后需要我们每个人完成对“美好生活”概念的深刻转变。

以“交通出行”为例，提到节能减排，大家的关注点大多集中在用新能源汽车替代传统油车上。如果我们换个角度思考，在条件允许的情况下，尽可能选择公共交通、走路或者骑自行车的方式到达目的地，是否也能达到低碳生活的目的？面对充满不确定性的未来，你觉得什么样的生活才是值得我们期待并拥有的呢？

志愿者在行动　推迟“地球超载日”的到来

2006年，有一家国际民间组织首次提出了“地球超载日”的概念，意思是，每年到这一天，地球就用完了本年度可再生的自然资源总量，进入“生态赤字”状态。因此，这一天又被称为“生态越界日”或“生态负债日”。

经测算，2022年的地球超载日是7月28日，比2021年（7月29日）略早。尽管“地球超载日”的估算并不精确，但是它直观地告诉我们，生态超载可能会带来资源枯竭、灾难频发的恶果，保护地球刻不容缓。

想一想：在日常生活中，我们能如何通过减少“碳足迹”，扩大“绿手印”的行动，推迟每年“地球超载日”的到来？

综合活动：“零碳先锋”辩论赛

社会的运转和发展离不开能源。零碳排放不是指没有二氧化碳排放，而是指在生产和生活中尽量控制碳排放，并且使用植树造林等方式吸收等量的二氧化碳。另外，对已排放的废气、废水、废物予以治理和循环利用，变废为宝，也是实现零碳排放的有效措施。从这个意义上说，所谓“垃圾”只是放错地方的资源，能够开发和利用各种废弃物的行动同样值得发扬。

脑洞大开的“零碳先锋”

面对未来，你有没有一些能够实现低碳生活的“先锋”想法呢？让我们开动脑筋想想看吧！

场景一

场景二

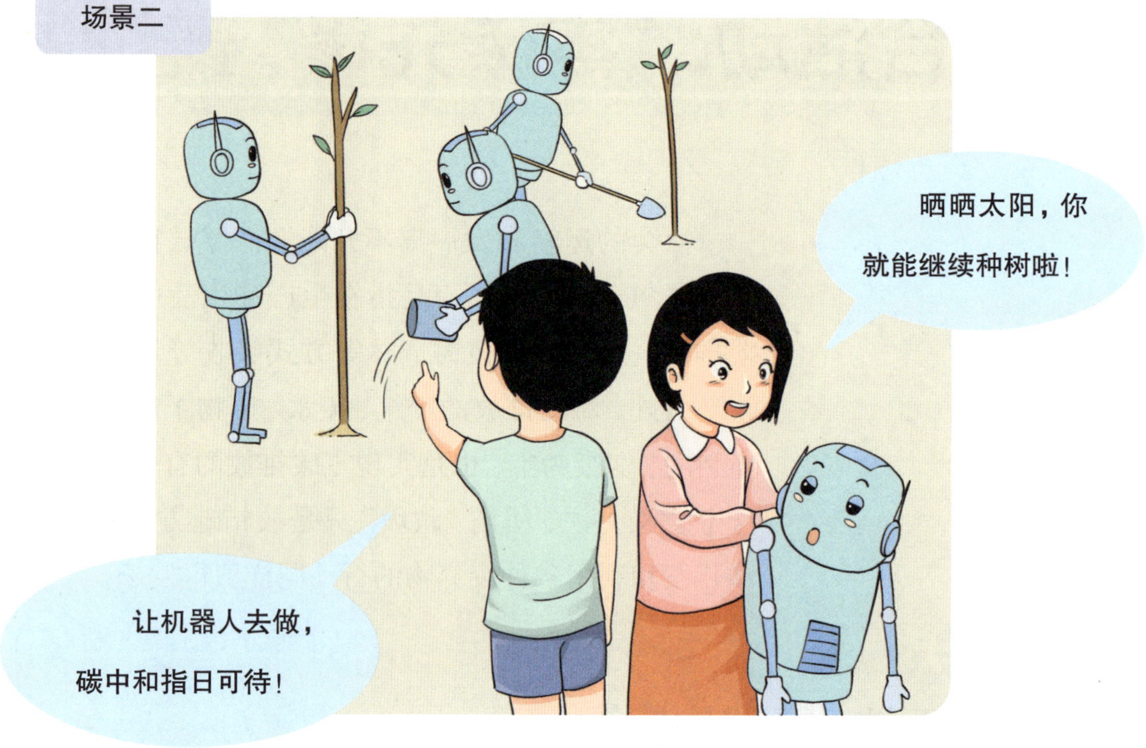

场景三

场景四

你觉得这些想法靠谱吗？有没有可取之处？也来试一试，在下面的方框中把你的奇思妙想记录下来吧。

争当“零碳先锋”辩论赛

为实现“3060”双碳目标，我们人人都要争当“零碳先锋”。在这一过程中，仅有节能减排的责任意识是远远不够的，我们还要学会运用低碳生活的新观念，权衡生活中衣、食、住、行等各项活动的必要程度和生态利弊，辩证地思考问题，真正掌握低碳生活的钥匙。

让我们通过激烈的辩论赛展开一场“头脑风暴”吧，只要你认真投入并积极思考，相信你一定会收获满满噢！

角色分工

以班级为单位，先选出若干名辩论赛评委，也可以邀请教师、家长或外聘专家担任，并从中产生一名主席。

其余同学分成正反两方，分别选出4名辩手，担任本方的一辩、二辩、三辩和四辩。

会前准备

1. 共同商定辩论赛的主题，最好是我们日常生活中与节能减排有关的需要澄清的问题，如：

（1）实现低碳生活靠观念转变 / 技术改进

（2）素食主义有利 / 不利于减少碳排放

（3）提供免费的公共交通可以 / 不可以减少碳排放

（4）限制人口有利 / 不利于减少碳排放

……

2. 正反双方认领各自论点（也可以用抽签的办法确定）。论点确定后要给参赛人员一段时间准备材料，确保辩论赛的顺利进行。

活动议程

1. 主持人介绍辩论赛主题和议程，规定辩手的发言时间和评判标准，宣布辩论赛开始。

2. 正反双方依序轮流发言。通常一辩主要负责阐述本方观点，二辩和三辩负责与对方展开激烈角逐，最后由四辩对本方观点予以总结和升华。

3. 双方辩论结束后，辩论赛评委暂时离开赛场，评选优胜团队和最佳辩手。在此期间，主持人可组织赛场听众就辩论问题自由发言。

4. 辩论赛评委回到赛场。主席对正反双方的辩论作出评议，然后将优胜团队和最佳辩手名单交给主持人，由主持人当场宣布获奖结果。

注：你参与综合活动的经历和心得体会以及辩论赛上的表现，将作为本单元学习评价的重要依据噢！

自我评价	同伴评价	教师评价
☆☆☆☆☆	☆☆☆☆☆	☆☆☆☆☆

后　记

“生态文明教育课程建设探索系列”根据中共中央、国务院《关于加快推进生态文明建设的意见》，教育部《绿色低碳发展国民教育体系建设实施方案》等有关精神，进一步落实上海市委、市政府《关于加快推进上海市生态文明建设实施方案》《关于加快构建现代环境治理体系的实施意见》的要求而编写。整套系列图书共四册，即《生态小天使》《生态小卫士》《生态志愿者》和《生态探索者》，分别供小学低年级、小学高年级、初中和高中开设生态文明教育和绿色低碳课程时选用。

本套图书全面贯彻党的二十大精神和新发展理念，凸显“立德树人”根本任务，把牢固树立青少年社会主义生态文明观放在首位，旨在培养胸怀绿色低碳理念、适应绿色低碳社会、引领绿色低碳发展的新一代青少年。本套图书聚焦青少年核心素养的培养，强调学以致用，充分兼顾校内外教育资源的开发和利用，努力营建线上与线下相结合的支撑系统，提供各种供学生体验和实践的场景，把生态文明教育扎扎实实、真真切切地落到实处。

在编写过程中，我们得到上海市教育委员会、上海市生态环境局、上海教育出版社、上海市学校后勤协会、中国福利会少年宫以及华东师范大学等单位和众多专家的大力支持，在此表示衷心感谢，同时感谢各分册主编和编写人员的辛勤付出。上海飞果信息技术有限公司谢晶、陈向辉为本书绘制插图，图虫创意、视觉中国网站和学校等提供了部分照片，在此也表示诚挚的谢意。

欢迎广大读者来电来函为本套系列图书的改进和完善提出宝贵意见。

“生态文明教育课程建设探索系列”编委会

2023 年 5 月